Broadview
财富管理

基金投资

财富积累的捷径

[英] Mark Dampier◎著
朱弘 望京博格◎译

Effective Investing

A simple way to build wealth by investing in funds

電子工業出版社
Publishing House of Electronics Industry
北京•BEIJING

内 容 简 介

本书作者现身说法，为读者详细介绍了基金投资的整个流程；首先介绍了投资的基本原则，并阐述普通投资者应该如何思考投资目标；其次概述了投资者可以投资的基金范围和类型，解释认真使用平台的原因，并以此研究和执行投资决策；再次介绍了一些基本步骤，帮读者选到卓越的基金，并构建较平衡的投资组合。此外，针对读者的不同风险偏好，本书总结了一系列初始的投资组合，辅助读者进行投资。在书中作者还对英国的养老金制度、资管行业格局等问题做出了相应剖析，最后总结了自身35年职业生涯中得到的最生动的经验教训。

本书适合的人群包括基金从业者，以及对投资感兴趣的所有读者。

版权贸易合同登记号　图字：01-2016-9467

图书在版编目（CIP）数据

基金投资：财富积累的捷径 /（英）马克·丹皮尔（Mark Dampier）著；朱弘，望京博格译. —北京：电子工业出版社，2020.4
（Broadview 财富管理）
书名原文：Effective Investing: A simple way to build wealth by investing in funds
ISBN 978-7-121-37519-4

Ⅰ. ①基…　Ⅱ. ①马…　②朱…　③望…　Ⅲ.①基金－投资　Ⅳ. ①F830.59

中国版本图书馆 CIP 数据核字（2019）第 216513 号

责任编辑：高洪霞　　特约编辑：顾慧芳
印　　刷：三河市鑫金马印装有限公司
装　　订：三河市鑫金马印装有限公司
出版发行：电子工业出版社
　　　　　北京市海淀区万寿路 173 信箱　邮编：100036
开　　本：720×1000　1/16　印张：9.5　字数：182 千字
版　　次：2020 年 4 月第 1 版
印　　次：2020 年 4 月第 1 次印刷
定　　价：55.00 元

凡所购买电子工业出版社图书有缺损问题，请向购买书店调换。若书店售缺，请与本社发行部联系，联系及邮购电话：（010）88254888，88258888。

质量投诉请发邮件至 zlts@phei.com.cn，盗版侵权举报请发邮件至 dbqq@phei.com.cn。

本书咨询联系方式：（010）51260888-819，faq@phei.com.cn。

推荐序

很高兴见到该书中文版的面世，并荣幸在此作序。

本书翻译成稿之时恰逢国内公募 FOF、私募 FOF 和养老 FOF 备受关注之际。作为国内组合投资业务的探索者和实践者，本人与译者对境外的基金投资领域进行了大量的分析和探讨，也持续研究和学习了很多理论和书籍。不同于众多的金融学著作，本书并未高屋建瓴地阐述众多金融理论，而是以第一人称和从业者（投资顾问，与国内理财客户经理的角色类似）的视角深入浅出、略带诙谐地记录和分析了各个周期中不同基金的差异化表现，将读者带入徐徐展开的历史卷轴之中，令读者颇有身临其境之感，甚至回味起来能引发更多的感悟。

虽然国内外金融市场的宏微观环境、发展阶段和产品形态存在差异，但本书对理财客户经理和普通投资者的财富管理具有一定的参考价值，也适合组合投资经理闲暇时品读。

衷心希望读者们合卷后有所收获和感悟。

范楷　博士

中信保诚基金总经理助理　多策略与组合投资部总监

译者序

2018年，中国公募基金业迎来了20周年华诞。20年来，公募基金不论是在产品类型和投资理念，还是基金运营、风控合规等方面都取得了长足的发展。截至2018年1季度末，公募基金公司超过120家，公募基金数量超5 000只，管理基金的规模超12万亿元，其中股票基金近7 000亿元，混合基金超2万亿元，债券基金超1.6万亿元，货币基金更是超7万亿元。

基金规模与数量同步增长的同时，中国公募基金也从不吝啬她的优秀业绩。据统计，自首只开放式基金成立到2017年年底，偏股型基金的年化收益率平均达到16.5%，超过同期上证综指平均涨幅10.5%；债券型基金的年化收益率平均达到7.2%，超过现行3年期定期存款基准利率4.4%。[①]在市场牛熊交替的背后，中国一代代出色的基金管理人引领着资产管理行业的发展，续写着资本市场的传奇。

2018年4月，随着资管新规的出台，刚性兑付打破、预期收益型产品消失，公募基金的专业管理能力进一步凸显。加之养老金市场的发展，公募基金将承载着更多的使命继续前行。

我很荣幸在这个背景下，与郑志勇先生完成这本书的翻译。本书作者用自身35年的经验现身说法，为读者详细地介绍了基金投资的整个流程，包括基金基础

① 数看公募基金20年国际金融报。

知识、基金选择、组合构建等诸多重要环节，同时作者对英国的养老金制度、资管行业格局等问题也做出相应剖析，相信这本书对我国相关业务的开展及投资者教育都会有所裨益。

光阴似箭，日月如梭。自己在基金行业工作也近 6 年时光。感谢一直以来给予我帮助的师长和朋友。感谢家人的支持，感谢我的妻子成为本书的第一位读者。

更令我难忘的是，本书的翻译从开始到完结，伴随了一个小生命的诞生与成长。在这期间，他的一啼一笑无不牵动着我的思绪，甚至打断了原有的工作进度，但我确信那是我 30 多年来所听到的最动人、最美妙的旋律。

朱弘

于北京

目　录

第1章

引言

"我该把钱往哪里投资？"

这些年我已经记不清被问过这个问题多少次，肯定有成千上万次。我记得在40多年前，我的母亲可能是第一个这样问我的人。如今，身为英国最大的基金和证券经纪公司的研究主管，我的职责就是帮助730,000多名客户找到问题的答案。

我很清楚，现在对做好投资决策的需求比以往更多。其中原因之一是，几乎每当遇到一名新客户时，他或她都会谈及在银行及其他传统金融服务商那里不愉快的经历。在过去的多年里，没有哪家企业像大银行和保险公司那样流失大量的客户群，这让我难以想象。

一系列的丑闻、罚款和诈骗事件使得大多数人不再信任那些过去他们常常投钱的机构。即便你请得起财务顾问或理财经理，你也会发现他们远远做不到物有所值。最出色的顾问固然很好，但不一定能让每个人都有所收获。

今天，人们当然需要更好的成果、更好的服务以及在财富管理上更大的自由。幸运的是，在过去10多年里，技术进步迅猛发展，自己掌管投资的梦想对每一个人而言已几乎成为现实。在线投资平台的发展，即掌管所有财富的一站式网站正在彻底改变人们的储蓄和投资方式。在本书里你会看到很多这样的平台。对每一个希望更好地把握自身财务状况的人而言，它们是游戏规则的改变者。

第二个原因是在过去的20年里，英国政府慷慨地为投资者推出了税收激励措施，导致DIY投资方式增加。这对自己打理投资的个人来说会比以前更简单，潜在的回报也更高。比如ISAs或者SIPPs（DIY养老基金）这些避税工具，再加上每年的资本利得津贴，意味着大多数人每年可以投资数千英镑还不用缴税。ISAs和养老金储蓄的好处很多，因此我呼吁每个人都尽可能地好好利用。

在这个需要勇气的新世界里，人们必然更需要精心的研究、独立的信息和建议。如果你翻阅这本书，那么你很可能就是需要帮助的人之一。我希望你能在后面的章节里发现很多有价值的东西。我的目的是用平实的语言与你分享自己35年来在投资领域工作中最重要的领悟。我相信只要有正确的知识和帮助，任何人都能从投资中挣钱。

我的期望

和生活中任何事情一样，你需要做一些工作与研究才能尽力把投资做好。我无意把书写成该如何投资的手册或参考书。这样的书很多，而且现在许多东西都能通过 Google 获得。我只是试图给出一些实用的指点以及我自身经验的成果，其中也包括我曾犯过的错误。我尽量立足于概括性原则，不纠缠技术细节，因为以我的经验，技术细节很容易令读者望而却步。如果你遇到某个不懂的术语，可以在网上轻松地找到它们的定义。在附录中我也添加了一些有用的链接。

回顾以往，在大多数人的生活中理财必然变得越来越重要。很多国家的政府根本负担不起它们向国民做出的所有承诺，比如：长期护理（long-term care）、与通胀挂钩的退休福利和全民医保。因此最近英国推出自动登记计划，确保所有的员工能缴纳养老金。你的投资业绩决定了退休生活是丰富多彩的还是贫穷困顿的。投资并不枯燥，除非你觉得挣钱和筹划未来都不重要。我希望这本书能成为开启投资过程的敲门砖。

我希望听了我的话，你能深受鼓舞，不仅开始投资，还能收获良多。投资业务看似非常复杂，这可能也是英国投资者通常转向房地产投资的原因之一，因为房地产看得见、摸得着、感受得到，并且一直有利可图。但是房地产也存在问题。很少有房产爱好者愿意纠缠于租客好不好、租约空隙期、维护维修这类问题之中。我觉得处理这些事情远比购买基金复杂，压力也会更大。

多年来基金投资一直是我的专长。在第 3 章我会解释为什么你也要投资它。挑选个股也是一种非此即彼的投资方法，需要具备一系列不同的技能，在我看来这种投资既费时难度又大。但是请你不要因为我的言论放弃直接投资股票。我只是认为不论你的最终目的是养老金、房子、假期、家庭婚礼还只是个人兴趣，基金都是最简单、最便捷的投资方式，也是我和大部分个人投资者选择践行的投资方式。

本书内容顺序如下。首先介绍投资的基本原则，并阐述我认为普通投资者应该如何思考投资目标；然后继续概述投资者可以投资的基金范围和类型，并解释认真使用平台的原因，并以此研究和执行投资决策。我还概括了英国政府智慧地为潜在投资者提供了税收优惠。（我知道把“政府”和“智慧”连在一起有些不妥，但不同于政府其他慷慨解囊的做法，税收节省的福利是实实在在的。）

接下来本书将介绍一些基本步骤，这会帮你选到最好的基金并构建较平衡的投资组合。根据你的风险偏好，我总结了一系列初始的投资组合，辅助你进行投资。我将继续详述自己的投资之道，并阐述我最大的投资持仓；然后将介绍一些因为监管需要和投资产生的实际问题；在接下来的几章中会介绍投资者会有的其他选择，包括所谓的被动投资基金、投资信托和买来用以出租的房产；最后一章总结了我在35年职业生涯里取得的最生动的经验和教训。

为什么要听我的

在开始这一切之前，你可能想知道我是否有资格来告诉你该如何成为一名成功的自主投资者（或简称为 DIY 投资者）。现如今要是没有正式资质，没有金融服务业监管者——金融市场监管局（Financial Conduct Authority）的个人授权，则无法提供投资建议。毫无疑问，如果没有这些资质，我也无法工作。

但你也可以放心，我对投资的了解大多不是来源于课本，而是来自生活这所大学。我之所以相信任何没有知识储备的人都能成为成功的投资者，就是因为自己也是这样一路走来的。

我最早踏入该行业的时候，它虽然听起来不同寻常，但并没有正式的资质要求。那时候大部分业务都不受监管且以销售为主导，因此经常会招致灾难性的后果。我从一位理财顾问那里得到了第一份工作，因为他住在米德尔塞克斯郡的特丁顿，恰巧是我母亲的邻居。我始终不知道 Whitechurch 证券的创始人、饱受争议的绅士基恩·西格（Kean Seager）看中了我哪一点。（我怀疑我主要的吸引力可能是我不仅热衷投资，而且身价很便宜！）

最初开始投资的时候我其实对它知之甚少，并且所知也毫无价值。我虽有学士学位，但专业却是（在我看来）枯燥愚钝的法学。我进入法学院后，很快就发现40多年都要去做产权转让这样的工作对我而言几乎没任何吸引力，但这好像是大多数能力与我相仿的律师们等待中的宿命。于是我开始寻找更有趣的事情。投资就是我找到的答案，并且我从未后悔选择它作为我的事业。

可以告诉你：在最初那几年，我最想做的事就是尽可能多地去滑雪场，因为滑雪是我的最爱。我简历里提到的，在工作前两年空档期（gap year），我成了一名滑雪迷（说实话，第一年里我过得很开心）。那两年我简单地快乐着，不负任何责任，我觉得每一个年轻人在认真工作前，都应该去尝试一下这种悠闲的日子。但所有美好的时光都有落幕的时刻，在我滑完两个季度的雪后便要和人订婚。在双方父母的压力下，我要找一份“合适的工作”。因此 Whitechurch 证券的 Offer 正当其时地成了我的救命稻草。

从最坏的时代到最好

当时英国正走出二战以来最严重的经济危机，事实证明，我在此时开始我的投资事业非常幸运。20 世纪 70 年代是储户和投资者的糟糕时期，失控的通胀率和惩罚性税率摧毁了父辈们的积蓄。1974—1979 年所得税最高达 83%，另外还有 15%的税率用于支付股息和其他类型的投资收入。外汇管制和美元升水的监管措施导致海外投资既困难又昂贵。股市从 1972 年的最高点至 1975 年的最低点下跌了 75%。时任财政大臣丹尼士•希利（Denis Healey）不得不向国际货币基金组织求助。

没有身在其中的人难以想象当时的情况是多么糟糕。虽然这些苦难的记忆已经褪去，但我开始工作的 1983 年的情景仍鲜活地存活在大多人的心中。我不太了解理财，但想了解更多，便读遍了所有能找到的专业投资书刊，每每有不明白的地方（经常如此），我都会向我的老板请教。很幸运，基恩总是乐于和我分享他的知识，我现在对同事也是如此做的。

基恩曾在一家银行运营的养老基金部门做投资经理，他非常专业。后来又从事如今称之为理财顾问的工作，帮助客户理财，并从相应业务中提取佣金。他的转行正当其时，因为那时候大多数理财顾问原先都是做寿险销售的，那些人可能有魅力、有毅力，但对投资本身却几乎一无所知。因此基恩面临的竞争并不激烈。

尽管基恩起初预想的大部分工作是帮客户构建股票和债券投资组合，但不久就清楚地发现单位信托（最早为大众市场设计的专业管理的投资基金）才是最好的选择。尽管当时单位信托不像现在这样普及，但对投资者及其理财顾问仍有许多优势。对理财顾问而言，单位信托买卖便捷，并且行业受益于经济景气度的提升，很容易发展壮大。

20 世纪 80 年代中期，利率开始回落，经济和股市开始复苏，基金募集、销售和分销迅速发展，也成为我个人的专长领域。当时在理财顾问中受欢迎的另一款产品是寿险公司销售的投资债券（其支付的佣金比单位信托还多）。这类债券相当于寿险和投资基金的集合体，类似于捐赠基金，那时候很多人都会投资捐赠基金来帮助自己偿还抵押贷款。当时销售人员挨家挨户地上门推销，极大地促进了它的发展。但作为一种投资选择，投资债券的价值并不及普通的信托基金。

我在 Whitechurch 证券工作、学习了几年，后来又去其他地方干过，1998 年经由别人的建议我去了布里斯托尔，加入 Hargreaves Lansdown，它是 Whitechurch 证券的主要竞争对手之一。Hargreaves Lansdown（简称 HL）成立于 1981 年，当时只是在彼得·哈格里夫斯（Peter Hargreaves）房屋的后屋里组建的一家两人公司。等到我加入的时候，它已经开始盈利，业务也不断增长。一路走来，如今它已成为市场领先的金融服务机构。在过去的 30 年里，众所周知 HL 从一家只有几百名客户的小私企成为英国最大的 100 家上市公司之一，旗下管理的资产超过 550 亿英镑。在这段难忘的征程中，我很幸运地成为其中的一员。

至今仍令我激动的是，通过与原先的客户共事和 HL 两位创始人的分享，我幸运地领悟到做好投资的原则。这使我很容易地转型了。我在 Whitechurch 证券的第一个客户曾是位军人，他即将退休。他告诉我既要从投资中获取收益，也要获得一定的资本增值。

我做了一些研究，并把当时能找到的最好的股票基金集合在一起。30 多年后的今天我继续为许多客户做着同样的事情，股票基金仍在我的视野之内，因为我认为，对于大部分投资者，无论有无经验，股票基金都是最好的基础投资品种之一。

简单，但不容易

本·格雷厄姆是美国著名的投资人。20 世纪 30 年代，他写了第一本关于挑选股票的权威著作。他也是最早提出投资这项业务“简单，但并不容易”的人之一。尽管我不得不在这条艰难的道路上汲取教训，但这些也都是必须经历的。今天的投资者有机会能更好地掌控自己的财富，这是振奋人心的进步。唯一的遗憾是许多人能觉察到他们需要对自己的钱有更大的兴趣，却还是因为这项业务表现出来的复杂性而畏惧不前。其实它并不像听上去那么难。

我希望能让你相信，虽然成功的投资没有捷径，但努力就有收获。像我这个曾经的滑雪迷都能做到，你也可以！当然，专心刻苦的工作是必不可少的。你必须灵活变通，让你的思想顺应时代潮流，在顺境和逆境中一路前行。你更应该在数年里稳步积累财富，而不是只图一时回报，甚至稍有不慎还有很多陷阱在等着你。但幸运的是，长期下来你的努力会有可观回报的。

第2章

投资的基础知识

投资的目的是什么？大部分人会说："尽可能多赚钱"。而我的回答不一样。在我看来，投资的目的是提高我们的生活质量。你开始投资并且有意识地拿出一定数量的钱，是因为有理由相信它们在未来会升值——今天的一点付出换来明天更多的收获。

所以成功的投资是使家庭走向更好生活的通行证。强调一点，你无须等到攒出一大笔钱才去投资，但需要遵循定期投资的原则。多年来我经常听到有人说每个月存点钱毫无意义，它们难以积少成多。这其实是你投资中犯的第一个也是最大的错误。正如我们看到的，不论开始的投资金额多么微小，时间都可以为它带来投资价值的奇迹。

写作本书的部分原因是我相信，你对自己的投资能力越有信心，你就越会攒钱投资，而不是白白花掉。你的投资能力越强，达到任何特定财务目标所需的时间就越短。在当今环境里，银行支付的利息不多，我们可以确信，除非你的投资有利可图，否则你的财富无法增值，你也永远不能获得自己想要的生活品质。

你需要有一份计划

既然决定要提高未来的生活品质，那么该从哪里开始着手呢？我认为理财计划最为基本，不可或缺。在 Hargreaves Lansdown 我遇到了形形色色的客户。有的客户投资金额达 2,500 多万英镑，几乎持遍了所有投资产品；而有的客户每个月只拿出 25 英镑投入单一的储蓄计划。我认为这两者并无差别：不管你是谁，也不论你的情况如何，都需要找个时间坐下来制定一份明智的理财计划。

该计划需要包括以下内容：

- 你现在有多少钱；
- 你现在和将来需要多少钱；
- 在投资中你试图达到怎样的结果。

当然，除了死亡和税收，生活中没有事情能确定。每个人的情况是不相同的，预计人的寿命就像买彩票一样，所以有些事情只能粗略估计。但没有一份基本的理财计划，就无法真正指望为未来做出有效投资，就好比坐上了汽车，却不知道要去哪里、要开多久。理财同样如此。但每个人只要愿意付出努力，几乎都能做好。

DIY 方法

我认为花点钱为你的生活制定专业的理财计划是值得的。它可能只花掉你几百英镑。人们似乎只有在周遭环境发生变化时，才重视理财建议（比如身故、离婚或者孩子出生）。但每隔几年定期进行专业的审查才是明智的。

尽管如此，你自己也能制定一份简单的理财计划。好的理财计划无须多复杂，大体上正确总好于大错特错，但一定要考虑周全。

1. 收入多少

这份计划首先要计算你的家庭收入，以及在今后的几年里，扣除税收、国家保险和其他扣减项后所有的收入来源还能有多少。

2. 支出多少

下一步就是计算你的支出，首先是必需品，比如食品、住房成本（抵押贷款或租金）、水电费用和人寿保险，其次是非必需品，包括出去吃饭、娱乐和度假的花销。

人们常常会惊讶地发现：他们在短暂生活方式项目上竟花费很多。举个例子，每天喝一杯星巴克，一年可能花费 600 多英镑。理财计划的这部分能帮助你评估，为了将来更好的生活，愿意或能够在今天花费多少。

遗产规划

准备好理财规划也可以帮你考虑在你离开人世时，你的孩子和整个家庭的未来。如果你英年早逝或意外身亡，人寿保险可以解决部分问题，这同样适用于重大疾病。但对任何渴望正常走完人生历程的人而言，就有必要做一些投资，也应该想清楚一旦你驾鹤西去，这些投资该如何处理。这尤其需要一些专业人士的帮助，比如：死亡时复杂的税收及法律后果几乎都可以通过提前仔细的规划来改善。

3. 你可以投资多少

一旦你厘清基本的收支，下一步就是估算现在需要投资多少以及投资多久，从而达到你想在未来获得的收益。为此，需要考虑以下因素：

- 未来的通货膨胀率；
- 潜在的投资收益率；
- 税费和成本；
- 投资的时间框架。

对预期寿命做出符合现实的假设非常重要，对于养老金而言更是如此。养老金已成为大多数人除房产之外最大的金融资产。受益于医疗水平的进步和生活水平的提升，现在人类的寿命得以延长。比起 30 年前，男人的寿命平均延长了 10 年，女人的寿命延长了 12 年。如果你想在正常年龄退休，那么你不得不有更长的时间依赖积蓄生活，以便继续享受你所希望拥有的生活水准。

未来可能的通货膨胀率

通货膨胀是任何进行储蓄和投资的人都会遇到的重要潜在风险之一。即使通胀率像在过去几年中那般温和，它还是能迅速腐蚀你的购买力的。

如果通胀率每年持续保持 2%，这意味着你现在 100 英镑的购买力 10 年后会下降 18%（近五分之一），20 年后会下降 32%（近三分之一）。以一般 40 年工龄计算，如果通胀率每年为 2%，那么购买力会下降 55%（超过一半）。如果通胀率上升到每年 5%，那么你今天拥有的 100 英镑在 40 年后退休时只值 16 英镑[①]。从 1997 年 3 月 31 日至 2015 年 6 月 30 日的每年通胀率如图 2.1 所示。

这还算好的，它没有反映整体情况。很多生活必需品，比如取暖和照明、水、保险以及食品（还有住房！）仍在涨价，而且比官方显示的数据涨得还快。优秀投资的一个基本原则是只有你的投资至少跑赢生活成本，才能变得更富裕。正如 20 世纪 70 年代的许多人发现，当时通胀率超过 25%，没有做好相应准备的人的财富遭到了洗劫。

我们现在的情形有了改变，但不要误以为类似失控的通胀不会再次发生。它很可能再现，虽然我不知道具体的时间。关键是你的投资策略必须要考虑这种可能性。只有你的收入和投资能跑赢通胀率，你才能在你退休的时候保持现有的消费水平。

---

① 经济学上的“实际”意指剔除通胀后的价值。

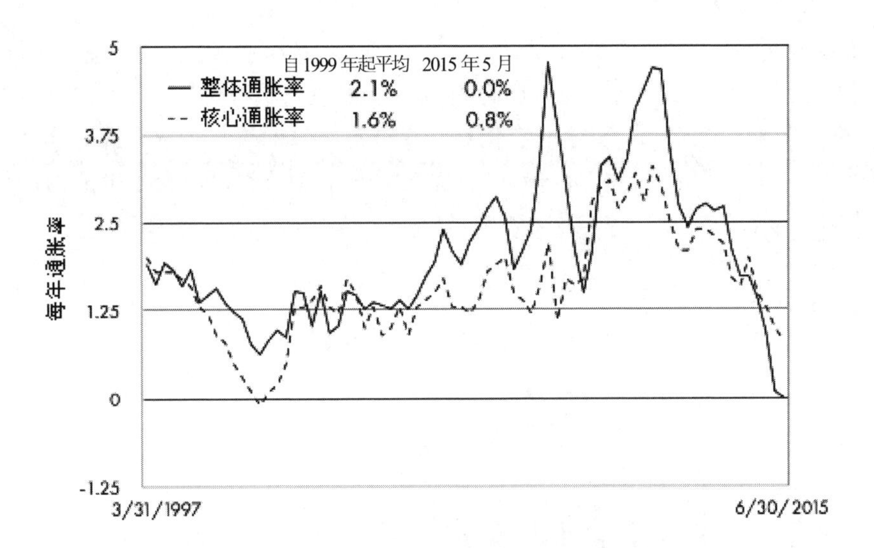

图 2.1　自 21 世纪初，通胀率上涨达 10 年之久，其后迅速回落。核心消费者物价指数（CPI）不包括食品和能源，而整体通胀率则包含食品和能源。但对你影响最大的是你选择的生活成本。

数据来源：JP 摩根资产管理公司，《市场指南》

潜在收益率

如果你不清楚可能获得的潜在收益率是多少，就无法知道需要投资多少。简言之，投资者必须考虑四类主要的资产，它们各具特色，能够组合形成各种明智的投资策略。你可以自行直接投资它们，也可以选择有专业人士管理的投资基金。这四类资产是：

- 权益资产（通俗来讲是股票）；
- 债券（固定收益证券）；
- 房地产；
- 现金。

通过历史调查，可以获知这四类资产长时间内的历史收益率。先说现金。现金投资并不意味着把钱放进钱包或塞进皮夹，而是存到银行或建房互助协会。几年前存款的收益率为 4%～5%，那么即使通胀水平比现在高，你也能跑赢通胀。

但自 2008 年金融危机以来情况发生了改变。利率是政策制定者控制通胀的主要手段，它已经降到了历史最低值。危机以后英格兰银行将贷款利率降低至 0.5%，这是 600 年来最低水平，5 年后它仍然在最低点，从而进一步导致银行和建房互助协会存款收益率的低迷。2008 年全球金融危机后银行存款收益下降的情况如图 2.2 所示。

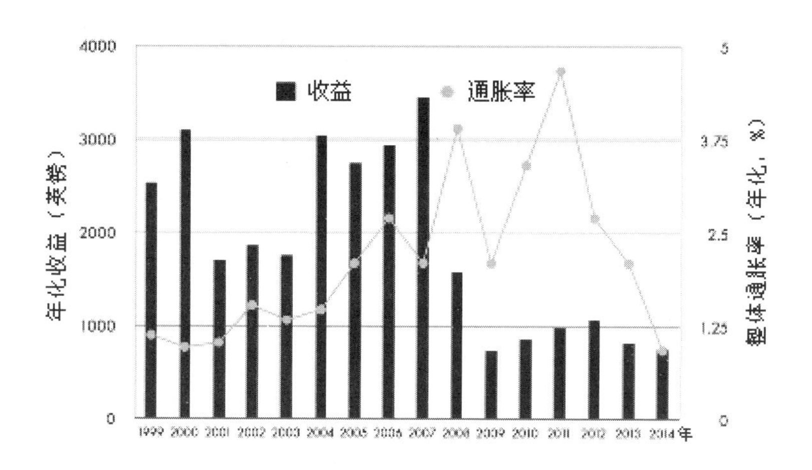

图 2.2　自 2008 年全球金融危机之后，银行存款收益率显著下降。除了先前收益比通胀率高，近几年都未跑赢通胀——对投资者不利。

数据来源：JP 摩根资产管理公司

那么前文提及的其他类资产表现如何呢？表 2.1 列示了各历史期限内不同资产的年化收益率。乍一看这些数字似乎非常小。但要知道，首先，这是剔除通胀后的收益率，其次，这是每一类资产的长期年化收益率。该表没有显示长时期内温和通胀率的复利作用（商业地产和指数挂钩债券没有长期数据，它们的历史期限较短）。

大多数投资新手可能会讶异复利为财富带来的奇迹作用。这种作用可以戏剧性地把收益率转变成金钱的积累。表 2.2 展示了在一定时期及一定投资收益率的条件下所能获得的收益情况。可以发现，在适度的收益率下，即使只投资少量金额，但随着时间的积累仍然能够获得较大回报。例如，如果你只投资 1,000 英镑，每年的年化收益率为 7%，期间没有支取，那 20 年后你将获得 3,870 英镑，较你的付出增长近 3.9 倍，30 年后你的投资将增长 7.6 倍，40 年后增长不低于 14.9 倍。

表 2.1　剔除通胀后各类资产的长期收益率（%）

资　　产	10 年	20 年	30 年	50 年
股票	4.1	4.6	6.2	5.4
债券	3.7	5.1	5.2	3.1
商业地产	2.7	5.6	5.6	-
住宅地产	-0.3	3.6	2.4	-
指数挂钩债券	3.5	4.4	3.9	-
短期国债（现金）	-0.7	1.1	2.5	1.5
建房互助协会	-1.5	0	1.3	0.8
扣除通胀率	3.1	2.9	3.5	5.6

该表统计了股票、债券、房地产和现金在不同期限（数据截至 2014 年 12 月 31 日）的年化实际收益率。虽然股票收益率一般最高，但短期内它们的波动率也更高。另外在过去的 20 年中，债券收益率一直好于各类资产的长期平均水平，但在接下来的 20 年里，它们恐怕难以持续。

表 2.2　投资复利的影响

初始投资 1,000 英镑					
假设不考虑通胀					
	投资年限				
收益率	10	20	30	40	50
3%	1,344 英镑	1,806 英镑	2,427 英镑	3,262 英镑	4,384 英镑
5%	1,629 英镑	2,653 英镑	4,322 英镑	7,040 英镑	11,467 英镑
7%	1,967 英镑	3,870 英镑	7,612 英镑	14,974 英镑	29,457 英镑
10%	2,594 英镑	6,727 英镑	17,449 英镑	45,259 英镑	117,391 英镑
本金	1,000 英镑	1,000 英镑	1,000 英镑	1,000 英镑	1,000 英镑

该表展示了长期内不同收益率对投资的影响。如果你的职业生涯延长到 40 年，那么显然有很大的空间建立一个有价值的投资基金或养老基金。

复利的奇迹就是你获得的收益率越高，投资期限越长，最终的倍数也越大，投资的基金更有价值。正如我提到的投资最重要的一课：时间真的就是金钱。这是那些投资较早的人获利颇丰的根本原因，也是富人更富的原因。相比那些必须工作到 40 岁或 50 多岁才成为投资者的人而言，富人开始投资后会有更长的时间来收获投资收益。

我所列示的数字没有考虑通胀因素。不利的是通胀对金钱购买力的腐蚀也有复利作用。你需要将未来通胀因素考虑在内，以衡量最终的实际收益率和购买力。例如，如果你假设未来通胀率为每年 2.0%，结果如表 2.3 所示。你可以看到最终的倍数，即财富实际价值的增长率在下降。

表 2.3　剔除每年 2%的通胀率，实际投资复利的影响

初始投资 1,000 英镑					
剔除每年 2%的通胀率					
	投资年限				
收益率	10	20	30	40	50
3%	1,102 英镑	1,215 英镑	1,340 英镑	1,477 英镑	1,629 英镑
5%	1,336 英镑	1,786 英镑	2,386 英镑	3,188 英镑	4,260 英镑
7%	1,614 英镑	2,604 英镑	4,203 英镑	6,782 英镑	10,944 英镑
10%	2,128 英镑	4,527 英镑	9,633 英镑	20,497 英镑	43,614 英镑
本金	1,000 英镑	1,000 英镑	1,000 英镑	1,000 英镑	1,000 英镑

仍举与前面相同的例子，20 年后你的投资增长了 2.5 倍，而不是不考虑通胀时的近乎 3.7 倍。但这还是要好于不做投资的，同时也在实际情况中验证了通胀的腐蚀性。而在 40 年和 50 年里，名义投资金额在通胀前、后的差异就更大了。相较于不考虑通胀的结果，即便通胀率只有 2%，也会有一半至三分之二的金额受到损失。

现在我们回过头再看看主要资产的收益率，你会发现相较于原始的数字，通胀调整后的数据非常重要。给定一系列不同的投资起始日期，可以根据各类资产过去几十年里的收益率算出它们现今的价值。它们的年化收益率可能很一般，但在实践中由于复利作用，任何人只要坚持投资就可以收益颇丰。长期投资的收益如表 2.4 所示。

表 2.4　长期投资收益

投资本金 1,000 英镑				
以历史收益率计算				
	投资年限			
	10	20	30	50
股票	1,495 英镑	2,458 英镑	6,078 英镑	13,869 英镑
债券	1,438 英镑	2,704 英镑	4,576 英镑	4,602 英镑
商业地产	1,305 英镑	2,951 英镑	5,055 英镑	-
住宅地产	970 英镑	2,068 英镑	2,037 英镑	-
指数挂钩债券	1,411 英镑	2,366 英镑	3,151 英镑	-
现金	932 英镑	1,245 英镑	2,098 英镑	2,105 英镑
建房互助协会	860 英镑	1,000 英镑	1,473 英镑	1,489 英镑
历史通胀率	3.10%	2.90%	3.50%	5.60%

将表 2.4 中的数字表示为现金总额，即在每个时间段调整通货膨胀后的数额，这更容易掌握实际收益在实践中的意义。需要注意的是：第一，复利对收益率的作用与时间期限不成线性比例；第二，投资正确的资产对你的财富有显著影响；第三，像股票和房地产这类风险资产往往会随时间的增长获得最高收益，但不是在任何时期都能持续的。

全面看待你的财务状况

我发现人们所犯的最大错误之一就是没有全面看待他们的财务状况。他们往往会把房子、养老金、投资资产和现金储蓄看作各个独立的“篮子”，却忽视它们真实的含义是一张蓝图中的各个组成部分。每一个不同部分都有不同的税率和风险特征，这固然需要考虑，但现实中如何权衡所有的钱决定了你投资目标的实现情况。

大多数人都希望拥有属于自己的房子并且通常为了房子倾其所有（尽管买来房子用于出租已成流行趋势，这一点会在后文讨论[①]）。对于 DIY 投资者，最大的问题是在股票、债券和现金之间如何分配。债券和现金的收益通常较低但更稳定，而股票是除房地产外，能够在长期中击败通胀、获得更高资本收益但确定性较低的资产。

如表 2.4 所示，不论是未剔除通胀因素还是经过了通胀调整，股票和房地产的历史收益率都最高。因此它们有时被称为“真实资产”。但是更高的收益率往往是以更高的波动率为代价的。这意味着尽管它们通常最终获得了最高收益，但你不得不接受这样的事实，即它们的价值每年都会显著波动。这使得它们本身具有更高的风险，至少短期内如此。

另外，需要重视的是长期平均值仅仅是平均值。四类主要资产的收益率在不同时期都会有差异。表 2.5 展示了 20 世纪以来它们每 10 年的收益率（其他的资产缺乏足够的历史数据）。例在 20 世纪上半叶发生了两次世界大战，各类资产收益率与下半叶不同。后者更加平和，但期间有段时期全球通胀高企。

四类资产收益率的排名也随时间的改变而改变。长期看来，股票拔得头筹，房地产居次，再次是债券和现金，但却非一直如此。在任何 10 年或 20 年期限中，由于历史情况不同，排名都会发生逆转。某类资产在某个时点表现最好并不意味着在其他时段也是如此的。例如自 1990 年以来，政府债券（也被称为金边债券）的收益率几乎与股票一样，这在以往鲜有发生（个中有一些特殊原因，主要是过去 30 年中，不仅是英国，全球大多数国家利率水平长期都稳步下降，利好债券这类固定收益证券，反之亦然）。

---

① 第 8 章会谈到我对买房用于出租的看法。

表 2.5　每 10 年实际投资收益率（%）

	股票	政府债券	指数挂钩债券	现金
1904–1914 年	2.1	-0.1		1.5
1914–1924 年	0.4	-3.1		-1.7
1924–1934 年	9.2	11.7		5.6
1934–1944 年	3	-1.4		-2.4
1944–1954 年	5.3	-2.6		-2.8
1954–1964 年	7.1	-2.6		1.4
1964–1974 年	-6	-6.3		0
1974–1984 年	17.4	5.6		-0.3
1984–1994 年	9.4	5.8	2.8	5.5
1994–2004 年	5	6.5	5.3	3
2004–2014 年	4.1	3.7	3.5	-0.7

历史上不同类资产每 10 年里收益都不同。但 20 世纪以来，只有一个 10 年期里股票产生过负收益，但债券和现金不止出现一次，每一次通胀都吞噬了投资者储蓄的实际收益。但问题是即使股票长期收益率最高，在不到 10 年的期限里它们仍可能下跌超 50%，从而导致许多投资者恐慌逃散。最早的指数挂钩债券于 1981 年发行，所以缺乏早期数据。

数据来源：贝克莱研究

最后需要说明一点，收益的多寡在很大程度上取决你何时开始投资以及你在购买该类资产时是相对便宜还是昂贵。买得越便宜，随着时间的推移，它们的业绩可能越好——这是常识。如果买贵了，那么表现很有可能不及历史平均水平。尽管无法保证未来的收益率与其历史的收益率类似，但是如果投资风格完全保持一致，那么一般在投资的起始阶段，用历史平均值代替其未来可能的收益则合情合理。如何评估金融资产的价格合理性是投资者所面临的挑战中的重要一环。如果采用定期投资，比如按一个月投资，那么资产的估值则不再如此重要，因为时间会拉低投资成本。

避税的重要性

前文引述的数字没有考虑税收。很明显，随着投资的增长，所规避的税负越来越多，最后留存下来的收益也越多。早在 20 世纪 70 年代，投资收益的税负难以避免。而今天情况发生了变化，这要归功于第 1 章提及的强大的税收激励机制

（参见“ISAs、SIPPs 和养老金”）。之所以必须最大限度地利用政府提供的税收津贴和其他豁免政策，其重要原因在于所节省和规避纳税的钱都可以通过投资复利来获利。

举例说明：如果把每年从收税员那里省下的 1,000 英镑用于投资，那么它们在你的余生里可以继续增值，变成潜在可观的数目。如果在 40 年中的每一年里都可以通过避税省下 1,000 英镑，假设每年投资收益率是 5%，那么在期末这笔钱的额外收益将不少于 134,000 英镑。换言之，如果你每年能很幸运地节省 8,000 英镑，那么 40 年后等你退休时将获得 1 百万英镑。

ISAs、SIPPs 和养老金

投资者该做的第一件事就是找出政府提供了哪些税收优惠。在这方面，个人储蓄账户（an ISA）和养老金账户都各有优点。我认为大部分人都应尽可能地利用好它们。在 2015 年时财政大臣表示，股票分红中首次获得的 5,000 英镑以及首次从银行和建筑协会得到的 1,000 英镑存款利息，即使不属于 ISA 税收优惠的范畴，也可以作为投资收益而免税。

个人储蓄账户（ISAs）的优点是，在税收优惠的范畴内，投资获得的任何收益，不论其数量和持有期限，都可以免税。现在 ISA 每年的支付限额已经超过 15,000 英镑，且上限逐年增加，这意味着大多数人所有的投资都可以有效免税。ISA 可以持有基金、股票和现金，且持有的所有款项都不必计入年度纳税申报表。

养老金账户的节税作用可能更大，其基本原理是你对养老金账户（不论是个人养老金还是公司养老金计划）的任何投入，都有资格享受某些年度和终身限额的税收减免。以 2015 年为例，如果你是高税负人士，那么你每向养老金账户缴纳 100 英镑，所得税将减少 40%。对于普通纳税人，这一比例是 20%。

自主投资的个人养老金，即 SIPPs 已成为许多投资者的普遍方式，尽管政府每年都会恼人地更改减税规则。2015 年，除了对最高收入群体限制更多以外，可申请免税的最高额度是年投入 4 万英镑，同时终身限额是 100 万英镑（年度限额是一个相对较新的概念，能使你通过前一年未使用的配额增加更多的钱）。

ISA 较大的优势是可以在任何时候将资产从账户中转出而无须支付额外税费，现行规则下任何形式的养老金，在 55 岁之后最多只能提取累计免税储蓄的 25%。任何方式的额外提取都按照边际税率纳税。根据最新的英国政府政策，你无须像从前那样在 75 岁还购买年金。

感到困惑了？坦率地讲，要了解养老金这块知识确实有点困难，因为政策几乎一年一变。但在专家看来，这个领域值得下功夫钻研。幸运的是无论是在官方网站还是在其他地方，都可以在线获得养老金的大量信息。

一个好的投资平台将为你总结最新政策，我建议你每年至少检查一遍政策。关键在于，养老金投资和 ISA 一样都是高效节税的投资方法，是任何一个 DIY 投资者都可以考虑的选择。

不要忘记成本

除了税收，所提及的各类资产收益率也没有考虑投资成本。任何一种投资都必有成本。成本越高，就越要把投资做好才能盈利。不幸的是，投资的真实成本往往比表现出来的高，我们将会在后文讨论这一问题。明确理解所承担的费用至关重要。只有如此投资者才能知道某类投资是否值得，投资成本是否吞噬了太多的收益率。假设某项投资年化收益为 5%，但成本为 1%或者 2%，这两者导致的结果却千差万别。幸运的是，投资成本已经较从前开始下降，而且 DIY 投资也更节省成本。

全局考量

总之，随着时间的推移，你的投资能获得多少取决于扣除税收和成本后的投资收益。而你拿它能干什么又取决于是否战胜了通货膨胀。你的目标就是在考虑税收、成本以及风险（另一重要因素）后，将实际投资收益率最大化。不同类型的投资有不同程度的风险。例如，股票投资的风险通常高于固定收益投资。风险越大的投资可能产生越高的收益率，但其代价是可能导致更大的损失。

只有通过特定的分散化投资才能降低风险，就是说要将你的投资标的延展到更多的资产。因为并非所有类型的资产都会同涨同跌，所以一个较为均衡的投资组合是不会把所有鸡蛋都放到一个篮子里的（比如全部投资股票或房地产），这样的投资组合才不会出现剧烈波动。一般来说，这种组合持有的时间越长，获得高收益的可能性越高。因此你将来的投资年限越长，越可能获得高收益，而不是平均收益。同样，在人生中越早为将来投资，你就会变得越来越好。

不论你为什么投资，都要规划好这项投资的最短期限，我建议是5年，在理想情况下期限可能还要更长。好的投资如同完美的婚姻，你会希望和它相伴一生。有时候你可能会惊喜地发现自己提前达到了目的，但最好不要如此乐观。如果你一定要做一笔短期投资，就需要寻找合适的投资方式，即使收益率再低，也要保有现金或者一些固定收益投资。你应该清楚：高风险的资产在短期内可能会有损失。股票业绩与国债和现金的比较如表2.6所示。

表2.6 股票业绩与国债和现金的比较

股票业绩						
	投资期限					
	2年	3年	4年	5年	10年	18年
跑赢现金的股票数	77	79	81	83	96	97
跑输现金的股票数	37	43	31	28	10	1
股票总数	114	113	112	111	106	98
跑赢现金的股票占比	68%	70%	72%	75%	91%	99%
跑赢国债的股票数	78	84	84	81	84	85
跑输国债的股票数	36	29	28	30	22	13
股票总数	114	113	112	111	106	98
跑赢国债的股票占比	68%	74%	75%	73%	79%	87%

只要历史重演，你持有的股票投资组合期限越长，其收益就越有可能超过诸如现金或国债等安全的投资品种。在过去的5年中，股票收益超过这两种资产的概率约为75%。

任何尽早开始投资的人投资期限更长，收益更高也更为确定。如图2.3所示，随着时间的推移，各类资产的收益区间不断缩小：在收益高的年份和收益低的年份里，资产的收益率会先后抵消。同理，诸如股票和房地产等风险较高的资产持有期限越长，获得超额收益的可能性越大。从历史来看，如果你持有股票超过20年，那么有超过90%的可能比持有现金来得划算。

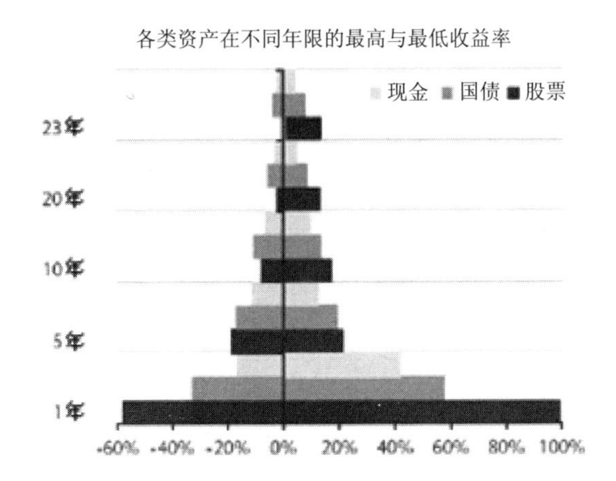

图 2.3　投资年限减少了资产收益的波动性

数据来源：贝克莱股票月债券研究，2015 年

未来的收益向来难以预测，而且说句公道话，这在当下更为困难。自 2008 年发生金融危机以来，这些年里金融环境不同于以往。现在利率水平空前之低，我生平未见。政策制定者们已经开始为每个人，包括政府、企业和个人草率地应对经济危机的后果，从而给世界留下大量空前的债务。

从积极方面来看，低利率政策削减了债务人抵押贷款的成本，短期内缓解了还债压力。不利之处是严重扭曲了金融资产的传统估值方法，即不顾及股票和债券是否高估、低估还是公允就决定了资产的价格。由实践来看，该政策已将许多金融资产的价格推到了前所未有的高度。但可以肯定这种状态不会持久。

底线

考量所有因素之后，你就能规划出所需要的金融投资蓝图和投资期限，从而有可能在将来实现你的财务目标。我将在本书的其他章节介绍如何通过基金投资实现这一目的，你可以自行操作。

举个简单的例子。假设你每年拿出 5,000 英镑投资，共投资 30 年，那么最终你将获得多少收益呢？我先说明以下的假设条件：使用 ISA 账户无须缴税。投资者将 65%的资产投资股票，25%投资各类债券，10%投资房地产，5%投资现金。平均年化通胀率为 2%。且假定股票、债券、房地产和现金的实际收益率依次为

5%、2%、5%和 1%。另外，假设投资者和我一样，都是通过投资基金的方式来投资房地产和股票的，所以需要扣除基金的代理费用。那么每年的整体收益率是 5.6%，扣除通胀率则是 3.6%。

诚然这是理论结果，并不保证与实际一致。[①]但如果假设合理，那么你共投资了 15 万英镑，并在期末将获得约 38.5 万英镑。再过 40 年，由于长期复利的作用，你的投资几乎翻番，接近 72.5 万英镑。

面对这些数字，你可能会有两种反应。一种是惊呼："天哪，即使投资的收益率非常低，但最终的结果却高得惊人"。另一种是认为："哦，亲爱的，尽管我如此幸运获得这么高的收益，但还是不能满足我未来的需求"。现实中这两种反应都有道理。一方面，我很少会碰到某个投资者做完投资规划后会说："我投资得太多了。" 以我的经验，大部分人都应该投资更多。另一方面，我也很少看到在面对诸如定期储蓄的小额资金随时间推移通过复利作用变得可观时，投资者不为此感到欢欣鼓舞的。

在这个例子中你可以发现随着年限的增长，投资的价值越涨越快，这也是复利的作用。到了第 30 年年末，你的投资价值将是投入的 2.57 倍。当然现实中这一过程不会如此顺利，还会有许多波折。另外还需注意的是：如果每年的收益率能提高 2%，那么最终结果不再是投入的 2.57 倍，而是 3.53 倍——你会多赚 17.5 万英镑！只要借助时间的力量，投资收益率微小的差别最终都会导致差异巨大的结果。这样你就更有理由立即开始投资，即使你的投资金额很小，也更有理由去努力发掘超额收益。

是一次性投资还是定期投资？

是一次性投资好，还是定期投资好呢？我的答案是：这并不重要。在现实生活中，我们有时候有钱可以进行定期投资，而有时候却又囊中羞涩。但可能每隔几年就会获得一笔钱来投资——比如可能获得了一笔遗产，或者得到了裁员的赔偿金，抑或是从股票或股票期权中获取了收益。我通常给客户的建议是：努力定期做一些负担得起的投资，但一旦获得了一笔意外之财，就欣喜地都拿去

① 这是长期规划，因此我假设收益率在某个阶段会回复到其历史长期平均值。今天投资某项资产可能当下收益率较低，因为此时它的估值相对较高，虽然未来并非如此。

投资吧，也就是把定期投资当作良好的生活纪律，而把一次性投资当作受欢迎的奖赏。

简单的开始

在过去每当我遇到一次性投资的人时，为了给他们一些指导，我通常会这样说："为什么不把资金分成三份，一份持有现金，一份做固定收益投资，一份投资股票？"我坚持认为这对投资新手是不错的启蒙方法，而且易于记住、富有逻辑。这一方法认为对任何投资者而言，熟知自身的投资目的非常重要。当你有了投资经验之后，伴随着周遭环境发生了改变，你就可以开始更多地思考如何改变这三类资产的投资比例及投资品种（投资哪一类股票、哪一类债券，等等），就像前文所列举的例子。

开始投资的时候，保留三分之一的现金好不好？在2000—2008年，这显然是不错的，当时现金收益率很高（我们都愚蠢地认为银行知道自己在干什么，而且把钱存在那里很安全!）。而在利率如此低的今天，这一做法就很难称合理了。但如我前文所述，你还是要将收益和实际生活成本及风险偏好作比较。比如你需要或想要的资产价格正在下跌，那么即使现金没有多少利息，它在年末的时候还能全部收回，并且在这一过程中不会承担损失风险。

再举个例子，如果你已经退休或者即将退休，那么开始投资时也至少应该保留50%的现金。为什么？因为你无法确定在退休的最初几年中会发生什么变故。人们往往会发现真实的花销要比预想的多。所以你不应把所有的钱都拿去投资，最好停下来想一想你要做什么为妙，以避免日后后悔，毕竟你在做一个重大决定。

对于那些年轻时就开始投资或者定期投资的人，这个问题就不难解决了。你越年轻，收获投资果实的时间就越长，把更多的钱投向风险较高的股票、房地产也就更为合理。如果你坚持定期投资，并且有足够能力等待投资收益弥补期间可能产生的亏损，那么在投资时，投资标的的价格是昂贵还是低廉则无关痛痒了。随着时间的推移，你付出的价格都会趋于平滑，获得的投资收益率也将接近历史长期平均水平。我上文列举的长期投资组合案例中，各类资产的权重（60%的股票、25%的债券、10%的房地产和5%的现金）就很合适。

一旦你做出了投资规划，那么接下来的挑战就是如何让你的投资最大可能地实现所制定的投资目标。这就要靠基金和投资平台了。

要点记忆

- 投资的主要目的是让我们生活得更好。
- 花钱做一份理财规划总是值得的。
- 如果你不去理财，那么最终你的财富不会比期初更多。
- 资产配置指在股票、债券、房地产和现金上如何分配资金。
- 如果投资能跑赢通胀，那么你的财富将只涨不跌。
- 历史上，股票和房地产的收益率最高，但自 1990 年以来债券业绩表现同样不俗。
- 花时间研究如何使收益率实现哪怕一点增长，都是非常有价值的。
- 不论你做什么，都要确保能利用到 ISAs 和养老金账户的好处。

第3章

起步入门

于是，你决定要把定期投资制定成一项投资计划。或许你早已是一名投资者，但还想反思现在的投资方案是否最优，抑或你的投资只是一次性的，都会遇到同样的问题：我该如何投资？将投资决策付诸行动的最佳方法是怎样的？本章会对这类问题给出看法。我相信很多人会问“为什么要通过基金来投资”，我的解释是“因为基金投资是最简单最便捷的方法”。那么“该如何投资呢？”，我的回答是“利用投资平台”。

当然，你可能会说这是因为我在隶属于国内最大平台供应商之一的公司从事基金研究工作，所以只是在照本宣科。那好，请听我讲完。很多投资者投资基金，而不选择直接投资股票是有原因的。投资平台的使用每年都在增加，目前已占据所有基金业务的50%，这也是有道理的。无论是买基金、股票还是两者都买（像很多人那样），它们是投资者可以选择的最简单、最便捷的方案。我也只是顺应了投资者和最明智的专业人士的选择。

为什么投资基金

我所有的工作生活一直都离不开研究分析投资基金，只要我还有记性，它们就一直是我的专长。我自己的钱也主要投资基金而不是一只只单独的股票。尽管我不了解你的个人情况，但我相信基金投资也适合你。[①]基金是构建你整体投资组合的基础。如果你能明智挑选，自然会做得很好；但如果随意选择或者缺乏正确指导，那就会有失望的风险。

一分钟了解历史

长期以来，投资基金都是以一种或另一种形式存在的。起初是19世纪出现的投资信托，其中一些产品，像英国国外和殖民地的投资信托至今仍然存在。随后在20世纪30年代出现了第一批单位信托（在美国称为共同基金）。英国第一家单位信托的殊荣花落M&G[②]公司，至今该公司仍然实力强劲。1931年它发行了英国

---

① 我不知道是否一定如此。我需要了解你的个人情况、相关知识和经历以及你对风险的容忍度。但一般而言，这一论断还是有效的。

② 译者注：M&G全称为Municipal General Securities Limited，原为财务公司，后发行信托产品。1999年被英国保诚集团收购，成为其资产管理公司。

第一只单位信托。

20 世纪 60 年代，单位信托开始受到消费者欢迎，此后一直稳步增长，并且不时会出现创新与变革。近来最知名的创新是 20 世纪 90 年代推出的第一家开放式投资公司（OEIC）和第一只交易所基金 ETF。其他的变体，比如：知名的 UCITS III，也登上了舞台。

坦白地说，想出这些拙劣名字和简称的人都应该被谴责，因为这些名称各异又古怪的产品本质上都是由同一类产品演化而来的。方便起见，我和大多数人一样喜欢将它们统称为“投资基金”。因为我所提及的这类产品其基本原理都一样。

作为投资者，基金让你有机会和其他成百上千个投资者把资金汇集成单一的个体，交由代表你利益的专业投资经理管理。不同类的基金其法律结构不同，投资标的各异，但共同点是每个投资者都持有一定的基金份额，且同一基金的每单位份额价值相同。

这使得基金首先是一种民主的投资方式。另外，基金近年来深受欢迎还有其他重要原因，可概括为：便捷性、分散性和税收优势。正如我将在第 7 章中讲的，我自己把大部分钱投资基金就是出于这些理由。

当然我也会讲到投资基金的一些缺点，但先介绍优点更为重要，因为投资中最糟糕的情况就是用错误的理由谈论正确的事情。因此我快速地介绍所知道的基金基本优势。这里所说的基金通常是指单位信托和开放式投资公司（OEIC），两者基本类似（单独的章节会提及两者的区别）。后面我会论述我为什么一般更喜欢投资这类基金，而不是投资信托、交易所交易基金（即 ETF）和其他形式的基金，当然不仅我如此。不过，我也会解释：为什么会把风险投资信托（VCT）这类产品纳入自己的投资组合。

基金类型

单位信托和 OEICs（开放式投资公司）是开放式基金的两种形式。投资人购买了这类基金份额，就有权获得它们产生的所有收益。随着投资者需求的改变，这类基金的规模有增有减。如果供不应求，基金管理公司就会发行新基金；如果供过于求，则这类基金会遭到清盘（赎回）。

这两类开放式基金的法律和公司治理结构稍有不同，但实践中唯一的区别是 OEIC 按单一价格买卖，而单位信托的买卖价格有价差（报价分买入价和卖出价两类）。开放式基金的价格由基金的持仓价值决定，并且是扣除管理费后的价格。

投资信托也称为封闭式基金，与单位信托和 OEICs 不同，它有固定的资本结构，不受供给和需求的影响。它的购买方式不同于开放式基金，是在股票市场上交易的。这并不能保证基金每份的价格与其持仓资产反映的价值保持一致——这是其与单位信托和 OEICs 另一个不同之处（参见第 8 章我对投资信托的看法）。交易所交易基金则结合了开放式基金和封闭式基金的一些特点。它们很容易被视为在股市上交易、类似于股票的单位信托。因此，它们更可能被用于短期交易，而非长期投资。

便捷性

投资基金的第一个基本原因是它解决了投资中大部分费时费力的难题。通过投资基金，能有效地把大部分重担转交他人。从这一点上说，基金很像一个财团组织，把你和他人的资金汇集起来去赌马或买彩票。作为赛马的玩家，你会在比赛日去赛场拍拍照片，获得些奖金（偶尔如此），但你不是赛马选手，不用早上 5 点起床，在寒风中骑马飞奔，一旦马受到风寒还要呼唤兽医。

基金也是如此：专业的基金经理为所有投资者做投资交易决策，你无须付出任何艰苦工作就能分享成功的果实（在你萌生错误的想法前，我必须强调基金投资的收益远比赛马或者买彩票来得更多也更靠谱）。得益于智能化 IT 系统的进步，现今你购买或出售基金份额甚至不需要填写、签署相关表单，只须点几下鼠标就完成全部操作，转由其他人负责处理所有文书及管理事项。

规模和分散化

投资基金的第二个重要优点是你和别人的资金汇集在一起，那么投资决策时会有许多实用的优势。首先它极大地拓宽了你的投资选择，你可以在世界各地投资，不用拘泥于英国。不论你是想投资公司股票（股票投资）或是债券（固定收益投资）都是如此。专业的基金经理也会比任何个人投资者获得更多的信息和进行研究。①

最大型的基金管理公司对你几乎能想到的所有投资都配有专业人士。他们有多年的投资经验。现在他们甚至必须要获得职业资格，而在过去并非如此！他们曾经能以比你更低的价格交易股票，但随着出现了低成本的个人投资者交易服务，这一优势在下降（货比三家，现在通过交易平台交易只需 7.5 英镑）。

投资基金也是实现投资分散化的最简便的方法，这是每位投资者防范损失和个人犯错的最佳方案。为吸引投资者，基金必须将它们在最少的投资品种上做好分散化。典型的一只基金通过汇集投资者的资金然后分散到各种股票上实现重度分散化，这些是没有经大量实操的个人投资者无法做到的。基金投资者只需做出买卖决定，其他一切委任给基金管理人。

税收优势

基金的第三个关键特征是由专业投资经理管理的，他们为你的利益服务，代客理财是他们的唯一职责，英国皇家税务与海关总署（HM Revenue & Customs）规定只要是基金里的钱，交易的时候都可豁免投资税费。这表示投入基金的每份资金都会获得复利价值，不因每年的税费侵蚀掉一大块收益。随着时间的推移，复利的奇迹会对你的投资产生重大的实质影响。

近年来，基金这方面的优势有所减弱，因为连续几届政府都对个人投资者在税收上做出了慷慨让步，这点我将在最后一章论述。因为每年按 ISA 限额投资超过 15,240 英镑的人只是少数，所以实际上投资免税已成为大部分投资者的可行选择。投资基金也为养老金的管理提供良好基础，即使近年来可以免税的投资金额大幅下降，但你还是可以利用这一慷慨的减税优势的。②目前大多数公司的养老计划会为你提供可投资的基金名单。这种情况下基金投资和普通投资都有便捷性和分散性。不管报纸上怎么说，近年来通过养老金投资基金的成本已大幅下降。

---

① 正如我之前所说，现今的个人投资者拥有的信息和 20 年前大多数专业人士一样好，但专业人士仍然有其优势所在。

② 并不能保证这些优势将来还是如此，因为几乎每年英国财政大臣都会更改规则和限制。

基金投资的问题

如果这些都是基金投资的主要优点，那么它的缺点是什么，或者说还有哪些问题呢？我特别指出三点。

第一点源自基金行业获得的成功。由于基金投资简单便捷，基金行业得到了发展壮大。在过去 10 年中，单位信托和 OEICs 每年平均销售额约为 150 亿英镑。在 2014 年年末规模达到 8 000 亿英镑。基金销售与管理是一项有利可图却又充满竞争的行业，因此提供给投资者的基金数量也在增加，就像 Topsy①一样。

今天，有 3 000 多种有资质的单位信托和 OEICs 可供选择，销售公司至少有 100 多家。其投资范围和种类也很广泛。换言之，选择基金已是大势所趋。虽然最优秀的基金很不错，但大多数基金（说实话，大概占 90%）很糟糕。因此选对基金至关重要。

第二点反映了一个事实：和大多数好东西一样，基金也不是免费的。虽然使用 ISA 账户的限额和养老金账户的减税功能，能轻易地把税费降到最低，但基金本身也附有成本。你投资的任何基金，其管理人每年都向每位投资者收取年度费用，以补偿我先前提到的所有繁重工作。此外，投资者经常要支付基金经理管理基金所引起的额外成本。如果你通过平台投资，那么平台还会因为看管资金收取费用。

所有成本累积起来都会从你的收益中直接扣除。在过去的几年里，基金的成本和收费是否过高已成行业监管机构和媒体关注的焦点。2013 年，历经几年的犹豫，监管机构终于取缔基金销售中的顾问费用。人们希望通过基金成本和收费更加透明从而增加竞争，惠及消费者，以此降低成本。尽管我确信成本还会下降（参见第 8 章关于这一重要问题的进一步思考），但目前还没完全实现。

第三点涉及单位信托和 OEICs，但不涉及投资信托。该问题与开放式基金的模式有关。这类基金规模受到供需关系影响，一旦供不应求，那么基金会发行更多份额以满足需求；同样，如果供过于求，那么很多基金会撤销或赎回多余份额。这听起来没问题，在大部分时间里它们都能正常运转，基金规模能迅速增长。但随着时间推移，这些资金流会不利于基金的业绩表现。

① 译者注：Topsy 是一家社交网络分析公司，2013 年被苹果公司收购。

为什么呢？假如某个基金多年来业绩优异，越来越多投资者关注到它，从而越来越多的钱会涌向它。但倘若届时资金涌入，基金经理却发现他或她肩负的投资方式已不像以往那样具有吸引力，可新进资金还是要以该方式投资的，因为这是基金的约定，但其潜在收益率如今却低了许多。所以需求迫使基金经理成了强迫购买者——这工作向来身不由己。

这种情况下，基金出色的业绩会适得其反，基金投资者的利益受到损害。类似情况也会在基金业绩不佳时发生，因为这不由基金经理控制。心怀不满的投资者从基金中撤资，即便基金经理的持仓正要开始上涨，他们也得被迫变现。这种例子并不罕见[①]。它告诫你在决定基金投资时点以及投资数额时都要格外小心。

最近一些学术研究发现，人脑虽然极其强大，但并不特别善于做好投资决策。我们大多数人都或无意或有意地存在偏见，从而影响我们正确抉择。一种偏见是追求过往业绩，即完全根据基金近期业绩挑选基金。这些错误代价很大，不幸的是还有很多陷阱在等着不谨慎的基金投资者，而开放式基金的结构还会加剧这种情况。

这三个问题即基金选择、成本和大意的陷阱。我认为大多数自主投资者需要努力解决这些问题，我也希望能在这方面给你帮助。关键是尽管基金是非常简单方便的投资工具，但你还是要积极关心你怎么买，买的是什么。重点是在你的投资组合上多花些时间就会有所改善。但是这些问题并不是一开始就很重要的。

投资平台的例子

投资平台的出现对于 DIY 投资者是一项巨大突破，好比汽车的出现帮助数以万计的人，让他们随心所欲地去想去的地方。投资平台解放了每个人，让他们自由捕捉几乎所有的投资机会。

平台是什么？本质上是一站式网站，你能通过它自行研究、买卖并管理投资。美国名将奥马尔·N·布雷德利上将在谈及军事管理时曾说：“业余人士讲战术，

---

① 的确，当管理机构认为他们成功的投资策略已使规模大得难以持续时，就会选择限制新的投资者入场。这通常是一个积极的信号，因为这意味着他们把你的利益置于他们自己的短期利益之上。

专业人士讲后勤。”平台就是类似的后勤工具，它让你以前所未有的方式打理资金。

大部分人已经清楚互联网在信息调查上的价值，投资平台可以兼具这些功能。毫不夸张地说，与20年前任何杰出的专业投资者相比，现在普通投资者都可以通过网站获得比他们更详细的信息。手握许多选择很有用，一旦决策起来会非常容易。

看看主流的投资平台，很快就会发现其中有许多有用的资料。这个领域充满竞争，所以其内容的广度和水准一直都在提升。你至少能查到数百个股票的细节和几乎每一类投资基金（单位信托和OEICs、投资信托、跟踪基金和风险投资信托）的文本说明。图表功能可以辅助你监控基金几日、几月或者几年内的业绩表现。你若是主办公司的客户，可以开通ISA、SIPP账户，只须简单敲敲键盘，就可以买卖股票和基金。每个平台的交易费用各不相同，但这也是个充满竞争的领域，从而有助于交易成本及其他成本的降低。大多数基金还会评论近期的市场走势。

使用优秀平台的另一优点往往被忽视，但对你尤为重要。即投资平台的成本比请别人为你从事枯燥的书面及管理工作要低，事实上它就是你的“后勤部门”。20年前，如果你买了一个基金，那么你必须自己完成所有文书工作，每年基金公司至少寄给你两次基金估值信息。你可能会想“哦，这没什么大不了”。但如果你有20个基金，就会收到寄过来的40张纸，且各张纸标准不一，展示关键信息的方式也各不相同，可能还会让人困惑不解。

因此你很难确切了解自己的钱都投向了哪里，更别说整体业绩如何。实际上你真正想知道的是投资了多少钱？获得了多少收益？现在的价值如何？过去要明白这些很麻烦。现在有了好的投资平台，会由别人为你完成所有计算，并把结果保存在你的个人在线账户里。另外它每半年会发给你一份报表，里面囊括了这期间你所有的交易，以及已获取的收益和现有持仓的价值。

只要你愿意，也可以每天24小时登录账户查看投资业绩（我不推荐这么做）。你获取的收益一部分就来自这些单调的工作。如果你只投入很少资金，比如每个月投25英镑，那么比起从基金公司直接购买基金，在投资平台购买可能只是稍微便宜点。但随着你的成长和投资金额的增长，你很快会发现以前者这一传统方式运作要麻烦和费时得多。

除后勤功能外，在投资进展顺利时，你什么都不用操心，但一旦市场开始不景气或者遇到管理上的问题，那么电话求助非常重要。有了优质的平台，你可以找那些懂行的人，最多一分钟问题就能解决。即便是在开心的时候填写纳税单也会让人生厌，出色的平台能帮你解决这个问题，它每年会单独给你发送一份统一的纳税证明，其中一份文档包含了你需要上缴税务局的所有信息。

对投资人死后遗嘱的处理也是如此。如果你在平台上得到某份遗嘱，那么遗嘱执行人和受益人很容易就能梳理出所有细节。如果离世的投资人像大多数人那样做了40多种投资，那么每一种投资都要求有一份单独的死亡证明和遗嘱才能处理。有了投资平台，你只需要产生一份死亡证明，没必要花几个小时为找几张有用的纸去翻箱倒柜，还要检查哪些纸是你不需要的。

现在新的“养老金自由”制度已经生效，如果你已经退休或即将退休，那么值得思考如何记录养老金储蓄。按照新制度对许多退休人员的规定，如果你能从SIPP账户中任意提取资金，记录纳税义务的数量就比以往都重要。我估计用不了多久，平台就会给你所有需要的信息用于监控养老金，并且每月记录资金流和税收数据。

最后，在投资方面值得一提的是，通过计算机能非常便捷地随时查看投资组合。过去，基金投资者需要向自主的基金经理支付较高费用的原因之一是在管理人员出差或度假时，投资者要知道有人会照看他们的投资。现在只要你有手机或电脑，就可以随时随地监控你的投资组合，并进行买卖操作。

要点记忆

- 基金投资汇集了你和其他投资者的资金。
- 对大部分人投资而言，基金投资最简单便捷。
- 一定要利用好所有的税收优惠和免税措施。
- 你只需要少量基金就可以满足所有投资需要。
- 成本和费用是需要考虑的重要因素。
- 粗心的投资新手会遇到很多陷阱。
- 好的投资平台能为你的管理做很多事，并省去你大量的时间和麻烦。

找到最好的基金和基金经理只是投资者面临的挑战之一，此外你还须把看好的基金构建成一个均衡的组合，使其符合你的目标和投资限制，从而使各基金能较好地结合在一起。在这一章，我将就此提出些个人见解，并举例说明适合投资新手的投资组合模型，这些将从第2章中提到的资产配置展开。

价值比潮流重要

第4章

缩小范围

[illegible]

[illegible]

[illegible]

[illegible]

现在你已经完成了财务规划，开始决定新的投资计划了。假如你计划在今后10年里，每月拨出1 000英镑，并开立了ISA账户无须为收入和资本利得缴税。那么权衡利弊后，你会和我一样选择投资基金，而不是直接投资股票、债券或更为复杂的另类投资品种，比如投资信托。很好！现在是时候把你的注意力转移到与你的目标最吻合的基金上了。这是你立马遇到的第一个大难题，任何自主投资者都是如此。用不了20分钟，和大多数投资者一样，你会发现潜在可供选择的投资基金多得让人眼花缭乱。

分类解析

如果我们只看在英国注册的基金，就会发现，能选择的就有3 000种，而最新统计全球的基金有90 000种！但是一个较均衡的投资组合很少需要超过10或15种基金，所以投资范围要大幅缩减。英国基金业一项有趣的统计是，投资上市公司股票的基金其数量比可投资的上市公司股票数量还多！暂不考虑离岸基金，即注册地在其他国家和地区的基金，更重要的是每种基金可供投资的份额可能还不止一种。

因此有些人会想放弃，或者干脆按他们知道的名字来选择。例如，高街银行（High Street Bank）为此通常会用自己的名字给一系列基金冠名。他们实际上并不亲自管理基金，而是把任务外包给专业的投资管理公司，并在基金销售时留一部分利润给自己。一些大型的零售商，比如玛莎百货（Marks & Spencer）和特易购（Tesco）也通过同样的方式向客户推销基金，维珍（Virgin）基金也是如此（你肯定也想到了）。早在20世纪90年代，理查德·布兰森（Richard Branson）最早积极把握基金增长的需求，大张旗鼓地推出了自己的基金，但实际上和大多数品牌企业一样，这些基金都是由其他公司管理的。

不幸的是，贴牌基金并不保证价值优异。在不相关的领域品牌认知度本身就不是投资成功的秘诀。好基金最好是经独立研究寻找来的。投资者要对此重视，从而选择自己的基金。这正是33年前，彼得·哈格里夫斯（Peter Hargreaves）和斯蒂芬·兰斯（Stephen Lansdown）开始创业的原因。前文提过在Whitechurch证券，我和基恩·西格（Kean Seager）开展了这项业务。我们很快发现帮助投资者避开选择基金的雷区大受欢迎。如果选基金非常简单，那么诸如 HL 和其他许多公司就不必存在了。

努力弄清楚优劣基金的区别将大大提高你的成功概率，但投资者难以自己做好这项工作，即便最终有公司给他们推荐也不行，你很少看到理财顾问或理财经理来管理你的资金。

第一步

投资者缩小选择范围的第一步是对可选择的基金弄清楚它们的不同分类。基金业投资协会按照基金的投资类型和投资目标两种方式对基金分类，如图 4.1 所示，其中大部分不言自明，但一些权益分类的差异还需要做更多深入探讨。

保本基金	收益基金			成长基金		专业基金
	固定收益证券	权益资产	混合资产	权益资产	混合资产	
货币市场 短期资金市场 保护型	英国国债 英国指数挂钩债券 公司债券 战略债券 高收益债券 全球债券 全球新兴市场债券	英国股票收益型 全球股票收益型	英国股票与债券收益型	英国所有公司 英国小型公司 日本 日本小型公司 亚太地区（含日本） 亚太地区（不含日本） 中国 大中华地区 北美 北美小型公司 欧洲（不含英国） 欧洲（含英国） 欧洲小型公司 全球 全球新兴市场	混合投资（股票0%～35%） 混合投资（股票20%～60%） 混合投资（股票40%～80%） 灵活投资	个人养老金 房地产 专业投资 定向绝对收益型 科技和通信

图 4.1　投资基金的分类

数据来源：投资协会

如图 4.1 中的第一行所示，第一级分类由基金的主要目标决定：是获得收益、还是获取资本的成长抑或是其他？成长和收益都容易理解，保本泛指现金或现金等价物，专业基金则指只投资房地产、科技和通信的基金，这类基金相对较少。

在此基础上，下一级分类按基金是否主要投资权益资产（股票）、固定收益证券（债券）或这些资产的组合（混合资产）来区分。基金还可按照投资英国上市的股票、债券和投资海外市场来分类。这些分类可进一步细分，例如只投资某一国家（如印度）的基金和投资多个地区（例如北美或新兴市场）的基金。固定收益类也有很多不同分类，这取决于基金主要投资的债券种类。[①]

在投资协会的网站上，你还能看到每类基金有多少个，各自规模是多少。例如，你会发现纯股票基金大约占 54%，固定收益基金占 15%，囊括股票、债券和房地产的混合基金占 12%，剩下的是房地产基金、现金类基金和专业基金。

在股票基金中，主要投资英国股市的基金占比不到一半，投资全球股市的基金占比达 21%，剩下的基金则覆盖特定地区或国家。在固定收益投资中，绝大多数基金仅投资一种或是另一种以英镑计价的债券，其中公司债券（由公司发行）和国债（由英国政府发行）是两大类。

这就是你初步选择基金的范围。很有必要花几分钟时间了解投资协会对每一类的定义，从中你能很快获取合理有用的信息。如果说选择太多是基金投资的缺点，那么其优点是必然会有某个或多个基金非常吻合你的投资目标。我的工作就是帮你找到它们。

主动投资和被动投资

在此需强调两个重要的区分。第一个重要区分是主动管理型基金和被动管理型基金之间的差异。主动管理型基金是指所有的投资决策由基金经理个人决定，利用他或她自身的专业知识和经验决定基金如何投资。

相比之下，被动管理型基金的持仓由预先制定的规则决定，设计该类基金不是为了战胜某个市场，而是为了与某个市场匹配。例如，英国跟踪基金旨在尽可能密切复制富时 100 指数或富时综合指数。[②]这些基金由计算机按照预先制定的规则运行，期间很少需要人工监管。

被动基金有两种主要形式。第一种是传统的单位信托/OEICS，它们只跟踪给定的指数。和所有开放式基金一样，它们的管理公司每日或每周（一般较少）定

---

① 债券的主要类别有政府发行的债券（英国称为金边债券）和由公司发行的债券（公司债）两类。指数挂钩债券是一类特殊的债券，它的收益和资本价值与价格通胀挂钩。如果公司债券信用状况良好，则属于投资级；如果风险较高，则属于高收益级（垃圾级）。

② 富时 100 指数跟踪股票市场上最大的 100 家公司股票的业绩。富时综合指数跟踪 600 多家公司，包括许多规模较小的公司。

期进行申购和赎回。第二种是交易所交易基金，简称 ETF。与传统跟踪基金不同，这类基金可以像股票一样在二级市场被买卖，这吸引了交易员和长期投资者的兴趣。通常 ETF 的选择比传统基金更广泛，有的跟踪某个市场行业（例如通信或医药行业），有的跟踪更宽泛的股票和债券市场指数，投资者的选择也多种多样。

我曾提到选择基金投资的主要原因之一是它能让你享受到专业的投资能力，但让人们去投资这些由计算机管理的基金可能会显得很怪异。30 年前没有人认为这有意义，但现今不同往日，它已成为现代投资中的一部分。

令人尴尬的事实是，有确凿证据表明，大多数专业管理的基金业绩并不及预期。成千上万的研究显示，如果衡量投资基金的总体表现，那么任何行业的基金其平均水平都无法达到预期。我并不是说这些基金不赚钱，只要你持有期限足够长，大部分基金都能盈利。我的意思是大多数基金未能战胜由专家认定、衡量业绩成败的适当基准。

例如，一个投资英国股市的基金，有理由相信在几年时间里它的收益要比英国股市平均水平高。但你现在就能以相对低廉的成本轻松地购得严格复制英国股票指数的被动管理型基金，所以如果主动管理型基金达不到同样的目标，就没有必要为它们支付更多的费用。不论基金的投资风格如何，不论投资哪些领域，所有类型的基金都适用这样的“基准”来检测（北美的基金应与北美的基准比较、日本的基金应与日本的指数比较，等等，这就是“战胜市场”的意思）。

那么，为什么大多数基金都未能战胜各自的基准呢？诚然，任何专业人士就应该战胜市场平均水平吗？一个原因是基金经理主动管理的成本比被动管理要高。这些成本最终由基金投资者买单，使得他们的收益受损。因此即便基金经理成功做到与基准相当，所招致的成本可能仍意味着基金投资者最终的收益会稍逊一筹。

另一个原因是，每个战胜市场平均水平的基金都与某个未能战胜的基金相对应。这是生活中简单的常识，因为基金管理就是学者说的零和博弈，并不是每个人都能处于平均水平之上的。我将在第 8 章进一步讨论这个重要的问题。虽然被动型基金肯定有其用途，但我相信选择主动型基金仍有价值。当然前提是需要郑重警告，你真的知道如何挑选最好的基金。如果你做不到这一点，那么被动型基金值得视为明智之选。

是收益型还是资本成长型

第二个重要区分来自投资协会的分类，它将基金按主要目标分为追求资本增值的基金和每年获取投资收益的基金。在实际中，大部分类型的基金是这两者的结合，随着时间的推移，对自己的基金你会既希望获取收益也希望实现资本利得。实际上我认为应该从总收益的角度来考虑基金，即它们可能产生的收益和资本利得的总和。

但很重要的一点是，对你感兴趣的基金要明确可能产生的收益水平。基金以分红的形式向投资者支付收益，一般每年分两次。[①]基金的收益率即为基金每年分红占基金价值的比例。基金每年分红比例是该基金的收益率。一个基金一年里对投资者每 100 英镑支付 5 英镑，则收益率为 5%。这对决定基金的分类很重要。例如，一个基金归为英国股票收益型基金的资格要求是，它的收益率至少要比以富时综合指数计算的整个股市收益率高出 10%。

因此，如果股市总股息收益率是 3%，那么收益型基金至少需支付 3.3%才符合要求（3%的 110%是 3.3%）。所以可以说，股票收益型基金的目标是每年比整个股票市场支付更多的红利。但另一方面，更高的收益率可能以更低的资本增长率为代价。

实际上，许多基金允许你选择获取基金收益的方式。它们让你选择收益份额还是累计份额。顾名思义，收益份额就是向你支付一年来投资产生的所有收益；而累计份额是将你可以获得的收益以你的名义再投资该基金本身。这样通过有效的选择，你可以更注重资本增值，而不是产生收益。两种方式可以随时切换。

标签乱用

基金可能不止一种份额，因此容易让人困惑。导致该问题的原因是基金公司想对大额购买的专业机构收取较低的费用。因此他们会给不同的份额贴上不同的标签——通常是某个大写字母。这没有标准的分类方法，所以比如一家公司可能对其基金的零售份额标记为 R，而其他公司可能使用字母 B。不要问我原因！随着 2013 年行业规则的改变，你还须区分“分算”（unbundled）和“合算”（Inclusive）两类基金。如果在这两者之间选择，可以选“分算”（unbundled）

① 一些基金按季度支付红利。

基金，因为它更便宜。这类基金不收取支付给投资顾问和其他中介机构的佣金，这是规则变更前的标准做法。

基金分类的标准

我们回到基金的基本分类。一项简要分析显示，在英国注册的面向投资者的基金中，三分之二主要投向英国股票和债券市场，这也使它们成为所有投资新手起步阶段合理的选择。这并非是因为英国股市是英国经济强有力的反映，相反，在英国上市的许多公司特别是大公司都是全球性企业，只有一小部分业务在英国。

但是英国市场是开始进行股票和债券投资的好地方。此外，英国的基金都以英镑计价，这表示你在投资决策时不必担心汇率变动。根据这一基本原则，我相信在你的祖国开启投资事业会很明智。等你开始投资了，汲取了经验，看到了业绩，才可以涉猎更广泛的领域。

这个阶段，我的主要建议简言之是无论你选择哪类基金，从中选出最好的基金更重要，而不是根据你的投资决策先挑出最好的基金类别，然后从类别中选出最好的基金。这涉及基金优劣的问题。这是 64 000 英镑的问题。识别基金的优劣并非易事，靠单个因素无法辨别。相反，它需要关注各类不同标准，并根据最适合你的目标和风险偏好形成总体判断。

这里列出了几个因素，我认为在你试图判断基金时需要先在脑海中思考一下。下一章我会再详述这些话题。

业绩

基金经理过去赚了多少钱？这显然是个重要因素，甚至是要考虑的最重要因素，但却不是决定性因素。因此监管机构坚持要求每个基金的广告必须用粗体字标出“过往业绩不作为未来业绩的参考”。从某种意义上说这是对的。业绩仅是要考虑的几个因素之一。你必须非常细致地分析基金的历史业绩，然后才能判断它能否持续。历史业绩近期优异可能只是因为某个基金经理的运气好。就像开车时有必要看后视镜，但你不能只依赖身后的情况一样，基金投资也是如此。

风险

一些基金比其他基金风险高，主要是因为它们投资的领域本质上恰好比其他类基金的投资风险更高。例如，投资股票的基金风险通常比投资固定利率的基金更高，投资俄罗斯、巴西这些国家的基金风险比那些投资英国、美国的基金风险更高，这与基金经理的能力并无关系，只是在股市普涨时，风险较高的股票基金业绩通常优于平均水平，但在市场下跌时则不如平均水平。作为一名投资者，你要确保自己理解并熟悉基金所承担的风险。

投资风格

基金经理们对基金的投资方法各有不同。有些是价值投资者，通过一些绝对或相对的指标寻找便宜的股票、债券；另一些则对寻找高于平均增长潜力的股票更感兴趣。所以一些基金专注投资大公司，另一些基金专注投资小公司。风格会不断变化，顺应风格的基金将受到追捧。你要找的就是**在同一风格下业绩持续优于他人的基金经理**，但比较不同风格的基金则没有意义。

经验

经验是最重要的标准之一。可以肯定，职业生涯中投资是少数几个随时间增长业绩越来越好的工种之一。许多人犯的错误是只在很短的时间内观察基金业绩。市场和投资风格的周期变动会持续好几年，所以我认为对某个基金经理来说，你至少要历经两个类似的周期才能判断他或她的优劣。实际上这表示你需要查看他们 10 年期的业绩（越多越好）。

我就是做这项工作的。另外还要考虑基金经理某个时段跳槽的情况，因此重要的是跟踪他或她的业绩，而不是跟踪别人接管的基金。所以我持有的大部分基金其基金经理管理年限都很长。

费用和其他收费

我说过，投资成本对决定投资的最终价值至关重要。每年为基金每支付 0.1% 的额外费用会使你每年的收益率等量降低。随着时间的推移，这些成本以复利的形式无情地增加。所有基金都收取所谓的年度管理费（即 AMC），该费用按你持有基金当前市值的百分比计算。标准的年度管理费约为 0.75%，即一个基金你每投资 1 000 英镑，基金经理每年将扣除 75 英镑的费用。随着你持仓基金价值的增加，支付金额也按比例增加。所以如果基金价值翻倍，你支付的金额也翻倍。除了年度管理费，基金还要向你收取一些额外费用，比如托管费，诚然各基金公司在这方面的收费差异很大。AMC 和额外费用合计为基金的经常性费用（OCF）。有些基金还会收取所谓的业绩报酬，这属于额外费用，即只有在基金业绩达到既定业绩目标时才会扣取。

自 2013 年新规生效以来，基金公司可以自主收取他们认可的、所有市场能承受的费用。实际上现在基金的成本差异很大。市场上一些大型参与者已能为他们的客户谈到能收取比其他投资者必须交纳的更低的费用，我们公司也包括在内。这意味着在你购买基金前，弄清楚持有的总成本很重要。当然，这并不是说最便宜的基金总是最好的。对于被动型基金，它基本上是一种商品，但对于主动型基金，你往往要为收益付出代价，其中的问题是基金经理是否真的足够优秀，配得上收取额外费用的层次。下一章我会就这个备受争议的问题提出更多的思考。

要点记忆

- 可供选择的基金成千上万。
- 业内将基金分为几类。
- 被动管理型基金的目标是匹配相关的市场指数，而不是战胜它们。
- 主动管理型基金的目标是把业绩做得更好，但大多数未能做到。
- 收益型基金有明确的收益目标，其他的基金则优先考虑资本利得。
- 最好关注总收益，即收益和资本利得的结合。
- 在每个基金类别中选出最好的基金更重要，而不是先选出类别。
- 最优秀的基金经理往往有相当长的从业时间。
- 基金的总成本很重要，但这并非是全部问题的所在。

第 5 章

如何挑选好基金

第 5 章　如何挑选好基金

身为投资者，根据投资目标挑选合适的基金或许是最困难的事。它比广义的资产配置还重要，诚然，后者也很关键。上一章我提到了要考虑的一些重要因素，这里将从各方面对基金的优劣做出更详细的探讨。

阅读的时候要记住我先前说的：相比你的付出，90%的基金可能物非所值——除了那些非常好的基金，它们才是你要拥有的。

基金和基金公司

我相信很多人选基金的方法是错的。他们往往先挑基金公司，然后决定购买哪个或哪些基金。以我的经验，你最好先选好基金，从而对其选择的国家、行业及主题构建最优的投资敞口。当然它归哪家基金公司运营并非不重要，但却是次要因素。基金公司的规模和声誉并不如多数投资者想象的那般重要。

诚然，一些规模更大的基金公司提供的产品也更丰富，但这并不意味着它们一定更优秀，或许只是在广告和营销上多砸了点钱而已——顺便说一句，这些费用最终都是由作为基金投资者的你来买单的。大多数大型基金公司提供的基金各种各样，他们知道有些基金表现会比其他基金好，但不保证所有基金都是如此，因为在很大程度上这取决于每位基金经理的能力和经验。我说过，大银行提供的基金其业绩往往不尽如人意。就我个人而言，很少持有同一机构两个以上的基金。

但所幸基金管理行业里充满竞争，许多新名字一向层出不穷。创办一家基金管理公司即便初期规模很小也有利可图。小型“精品”基金公司通常从两三个产品起步，以占据利基市场。[①]起初它们往往由经验丰富的基金经理管理。这些人不喜欢大公司的工作环境，因为在那里要花更多的时间管理他人，无法尽全力做好投资决策。而他们自己开公司，身兼所有者和经理人，持有了公司大量股份，不仅能激励自己做好业绩，也表明他们不会离开，也不会被其他公司挖走，否则这些都会伤害到投资顾问和个人投资者。

这些基金经理自行掌管的精品基金公司往往值得关注。虽然可能公司本身没有历史业绩，但基金经理通常都管过基金。举两个例子，Artemis 和 Lindsell Train 两家公司起初管理的资金少得可怜，但如今却成功地为投资者管理着数十亿英镑。

① 译者注：利基市场意为被市场中的统治者所忽略的某些细分市场或者小众市场。

最近一个著名案例是基金经理尼尔·伍德福德（Neil Woodford）自立门户，他曾在大公司景顺基金（Invesco Perpetual）工作了25年，并于2014年离职开始独立创办伍德福德（Woodford）投资管理公司。近期另外两个例子是两位有经验的基金经理桑迪顿（Sanditon）和克鲁克丝（Crux）也离职自己开公司。因此投资者没有理由不在投资组合中兼顾大公司和小公司的基金。

要知道如果新基金由经验丰富的专业人士管理，那么最初几年是投资的最佳时机。如果你等着看基金经理在新公司三年的业绩，那可能会错失一些绝佳机会。为什么？因为基金在起步之初，基金经理有更大的灵活性以支持他们最确信的判断。而大公司的基金其常见问题是基金规模到达一定程度，基金经理很难发掘管理小规模基金时的许多投资机会。

投资风格

基金的投资风格对你投资组合的业绩影响很大，但许多个人投资者（或者许多金融顾问）对此并不十分清楚。基金之间最重要的风格差异之一就是成长投资和价值投资两种方式。成长投资者主要关注高盈利或利润高增长的公司，这往往导致他们持仓较多的公司很少会分红。相反，价值投资者关注估值比公司利润、现金流、股利和资产更便宜的公司，所以他们主要投资那些红利可观的股票。

价值投资的长期业绩更好。但问题是这两种投资方式都会入时也会过时，有时还持续好几年。某些时候成长击败了价值，但更多时候实际情况正好相反。图5.1展示了自1990年以来两类不同投资风格的流行和失宠。如果你以价值投资的方式来买基金，在图5.1中用高收益指数表示，当这类风格受益时，你的业绩会更好，最近的大部分时间就是如此。虽然价值投资的长期业绩最好，但你不能每年都依赖它。这种业绩的变化纯粹是风格切换的结果，几乎与基金经理的能力无关。

当然，有些混合的基金其基金经理在投资组合中兼具两种投资风格。这类基金的目标是捕捉市场下一步的风格变化，并努力改变各投资风格的权重。但要准确把握风格的切换非常困难，一旦出错会很痛苦。你作为基金投资者，可以在投资组合中持有这两类基金从而中和风格的影响，但要做到这一点，需要做更多的研究。大多数基金公司和投资平台都会阐明对每个基金的投资方式，如晨星公司（Morningstar）的网站用九宫格将基金分类，从而展示基金的投资是偏向大盘股还是小盘股、是偏向成长投资还是价值投资。这是帮助深入分析的起点。

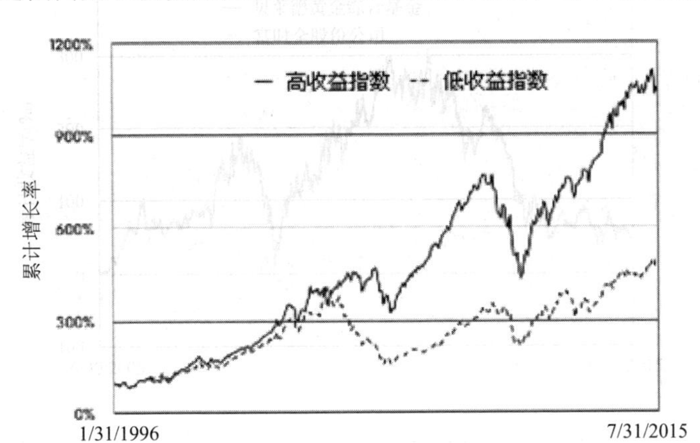

图 5.1 投资风格的轮动

小盘股的长期表现

广义的周期轮动无时不在，因此股票基金经理买股票时会考虑公司的规模状况。某些时候所谓的蓝筹股，即家喻户晓的大公司其表现会好于小公司，但某些时候却恰恰相反。例如，1996—1998 年，全世界蓝筹股的表现非常强劲，那些偏向中等规模的公司和规模更小的公司（它们的“小弟弟”）的投资组合远远落后。但 1999 年估值差异变得极为明显，小公司开启了持续几年的强劲增长。

自 2000 年以来，规模较小的公司往往表现更好，从而许多专业的小盘股基金经理受益，比如贾尔斯 •哈格里夫（Giles Hargreave）、哈里 •尼姆莫（Harry Nimmo）和丹 •尼克尔斯（Dan Nickols）。由于他们的基金业绩出色，吸引了很多资金涌入，但这种情况不可能永远延续下去。小盘股基金的业绩波动较大，在 2007—2009 年熊市期间，这类基金跌幅比大盘股基金更惨烈，尽管此后有强势反弹，但自 2014 年年初以来又再次大幅落后。

很难预测大盘股和小盘股基金谁的业绩更好，所以很有必要在两者间保持平衡。长期看来，小盘股基金通常好于大盘股基金，部分是因为它们风险较高——市场下跌时，小盘股基金跌幅更大。你或许以为两类基金各持 50%就万事大吉。但你要明白，评论人员谈及英国或美国市场时，通常指的是蓝筹股指数，比如美国的道琼斯指数和英国的富时 100 指数。如果你看一下这些指数中成分公司的市值，就会发现小公司的规模不值一提。

按市值计算，构成富时 100 指数的 100 家公司占富时全指指数的 85%，前十大公司约占该指数的 40%。如果你的投资组合中富时 100 指数的权重只有 50%，那实际上你是下了更大赌注在赌小盘股跑赢大盘股。在很多时候这很有效，但长期看来并不能如你所愿。实际上大部分主动投资的基金经理偏爱富时 100 指数以外的股票，所以你很容易发现自己无意中投资了小盘股却还被蒙在鼓里。因此，再次强调要仔细地看基金经理拿你的钱在如何投资、投向了哪里。

理解业绩数据

所以我们要用好基金的过往业绩数据。基金显然要尽可能详细地披露其历史业绩。在监管机构介入并大力提倡业绩报告标准化之前，基金经理们有很多年灵活性很大，它们可以用最有利的方式呈现业绩。如今每家公司都必须用同样规格呈报业绩数据，降低了你被信息误导的风险，但是获得的信息也减少了。虽然这是积极的进步，但并不能解决所有的问题。因为解读历史业绩很复杂也很有难度。

在我和投资者交流时，我总是强调考虑基金的时候，历史业绩只是工具之一。监管机构坚持要求每个基金都必须提醒投资者过往业绩并不能作为未来业绩的指引，的确如此。投资新手们通常认为：如果一个基金历史业绩好，就会持续下去。事实并非如此。正如我们所见，投资市场突出的特征是周期性轮动。熊市紧随着牛市——在每个阶段的不同时期，不仅小公司的表现会比大公司更好或更差，而且某些行业也会好于或落后于其他行业，个别公司和国家同样如此。

换言之，决定投资业绩好坏的驱动因素很多，从而分析基金业绩的难度很大。当小公司受到青睐时，投资这类基金的业绩会明显更好，否则业绩不佳。矛盾的是过去 5 年它们的业绩比投资大公司的基金要好，那么下一个 5 年它们表现更好的概率降低了，因为随着时间的推移往往会发生风格切换。

在判断基金经理是否以自身能力创造基金价值之前，要做好以上所有的分析。倘若你考虑两个股票收益型基金，它们的投资目标完全一样，但事实上某个业绩好于另一个，假设其 3 年历史业绩向你表明该基金经理非常出色——但同样重要的是，该基金接下来 3 年里业绩是否也会更好呢？如果一个基金 1 年期业绩更好，另一个 3 年期业绩更好，又该如何？所以你必须深入挖掘，才能知道该买哪个基金。

根据我的经验，过往业绩虽不是未来收益的保证，但对判断买卖基金的时点很有用。举个极端的例子，如果过往业绩数据显示某个基金过去一年上涨 100%，那么这很可能在告诉你该基金现在要回避了，因为短期内它的价值很有可能被高估——否则不会做得这么好。相反，去年业绩不佳的基金，可能正好告诉你情况迥异。

各种情况下，你都需要多了解业绩好坏的原因，其中包括以下问题：

- 基金经理的选股或资产配置是否有失误？
- 投资风格是否与市场不合——例如，基金经理是价值投资，但市场却是成长股走强？
- 是否新任命了一位基金经理？他是否有不同的投资理念和风格？
- 基金公司是否卷入了商业并购？这通常导致基金经理把精力转移到自己的饭碗上。
- 基金规模是否过大，以至于难以有效管理？

现在大多数这类信息可以通过网站、报纸和在线投资平台的基金资讯获得。如今大部分出色的网站还有图表功能，你可以看到基金每日、每月及不同时段的业绩情况，然后将它们与其他类似基金或者相关市场指数进行比较。一些网站还包括基本的风险信息，如基金收益率的波动率——尽管它不是衡量风险的完美指标，但对刻画基金收益率的变动还是有用的。

要花时间挖掘并处理信息。我这样的专业分析师要做的就是把它们综合起来进行分析，从中获取报酬。在 Hargreaves Lansdown 我们做了大量的定量分析，很细致地测算每个基金的风险和风格偏差。我们也会与基金经理们直接交流，这非常重要——即便你已经分析了业绩数据，然而最终还要判断其个人负责基金的能力。分析历史业绩的经验无法花 5 分钟就传授完。如果你想让你的投资更加给力，那么需要付出努力。本书附录里，我给出了一些案例，在网上能找到它们。

谨慎看待数据

每位投资者都面临的一个问题是要确保他们看到的业绩数据准确无误。我们通过基金库（收集并发布基金报告和信息的行业），或靠我们自己及其他供应商获得数据，这些情况都要检查信息是否准确。这对 DIY 投资者而言非常不易，因为他们不像我们能轻易接触到比如理柏（Lipper）这样专业的基金研究。但你还是能从诸如 FE Trustnet、金融时报和晨星公司那里获得相当全面的基金数据（通常情况下，这些信息来源一致）。我的同事李 • 加豪斯（Lee Gardhouse）负责我们的多管理人产品，他说经常发现基金公司自己公布的业绩信息都是错的！数据量过于庞大并非好事——但却又是我们必须面对的事实。

同样重要的还有保证基金经理业绩衡量的时间段足够长，这样才有意义。我建议你至少要追溯 10 年的业绩情况，然后才能准确判断基金经理的优劣。但是在公开的网站上很难查到 10 年的数据，大部分图表都不会追溯那么久。另外，跟踪基金经理职业生涯的业绩也很重要。他或她获得超额收益的时段越长则越值得信赖。图 5.2 的例子对 Artemis 收益型基金的基金经理阿德里安 • 弗罗斯特（Adrian Frost）业绩的长期跟踪。这是我最爱的基金，由 Artemis 于 2002 年推出，在此之前弗罗斯特先生曾在德意志银行管理了几年的基金，具体工作和现在一样（这些信息来自 HL 为客户提供的研究，无法从基金自身文件中获得）。

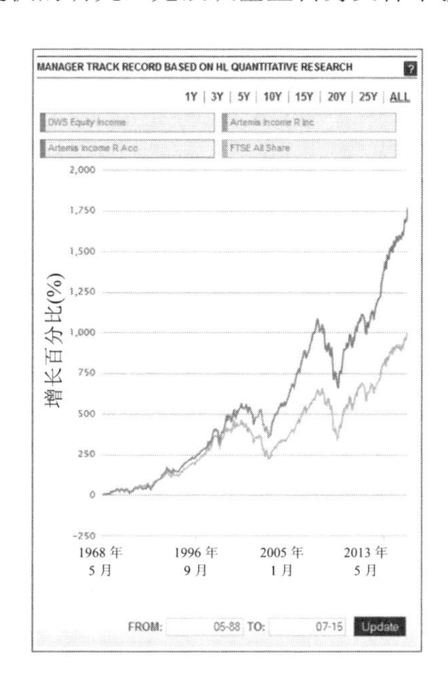

图 5.2　综合考虑基金经理的长期业绩。这里以 Artemis 基金经理阿德里安 • 弗罗斯特为例

2008 年的金融危机提供了一个经典案例，即周期如何影响公开的业绩数据。如果你在 2012 年查看 5 年期业绩，那大部分基金会非常难看，因为 5 年前我们正步入残酷的熊市。但到了 2014 年这些基金的 5 年期业绩都相当亮眼，但这仅仅是因为起始阶段市场自身复苏的结果。仍以 Artemis 收益型基金为例，图 5.3 和图 5.4 给出了两个显著变化的例子。

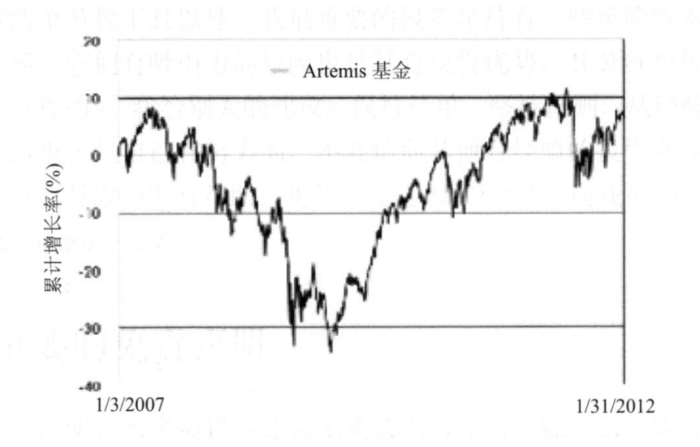

图 5.3　Artemis 基金业绩走势，截至 2012 年 1 月末

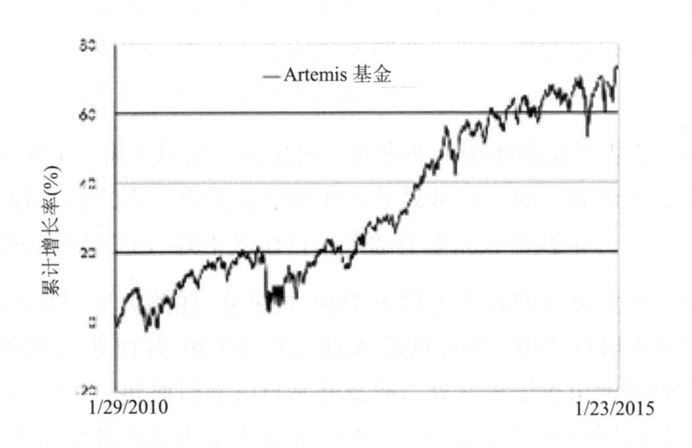

图 5.4　Artemis 基金业绩走势，截至 2015 年 1 月末

第一张图展示了基金 2007 年 1 月至 2012 年 1 月的基金业绩，当时它出现在 5 年期图表中。第二张图展示了另一个 5 年期，即 2010 年 1 月至 2015 年 1 月的

基金业绩。正如你看到的，两者差别很大！后者与前者截然不同。这更多地反映了股票市场整体的变化而不仅限于该基金本身（如果你绘制出英国股票市场整个时期的走势，就会发现相较市场，该基金第一个时段比第二个时段的业绩好）。所以，基金业绩，不能乍看就完事。

事实上，如果你悉心挑选最有利的数据，那几乎能得到任何想要的结果，这也是监管机构现在坚持要求所有业绩数据须按标准化呈报的原因之一，尽管他们觉得 5 年的期限太长。报纸特别倾向断章取义地引用业绩数据，因为钻入数据的圈套才有好故事可讲。他们特别喜欢报道某某基金经理是行业新星或销声匿迹，所有这些都是因业绩期限选错造成的。这甚至发生在安东尼·波顿（Anthony Bolton）身上，他是战后英国最成功的基金经理之一。当时他已经退休，正在中国香港给富达公司（Fidelity）管理中国的基金。

运用图表分析业绩

如我所言，业绩图表是非常有用的工具，它能帮助理解基金运作及各基金之间的差异。以前只有在诸如《资金管理》（*Money Management*）这样的专业期刊上才有定制化图表，直到最近互联网的介入，它们才可供业余投资者使用。现今基金网站上有大量的图表服务，所有优秀的投资平台也可以让你用该方法比较基金。更重要的是图表的范围和质量一直都在提高。

图表非常有用，它比表格中的数字更能清晰地展示业绩。你可以详细地了解基金过去几年的表现——收益率如何、有无超额收益、业绩波动率怎样，等等。这是比较基金的好方法。好的图表以简单易懂的图像展示了基金之间重要的差别。你也可以将基金业绩与一般的市场指数及同类基金的平均业绩进行比较。当投资者问我为什么某基金业绩很好却不推荐时，我就发现这方法很有效。

其中一两次的情况可能就是我们错过了一个好基金，毕竟基金太多，总有可能错过。但更多情况却是投资者自以为找到的基金比我们选得好，我发现他们并没有真正对理解基金的真实特征做足功课。看图表会让他们更容易地看到真实的图表。图 5.5 是一则真实案例。

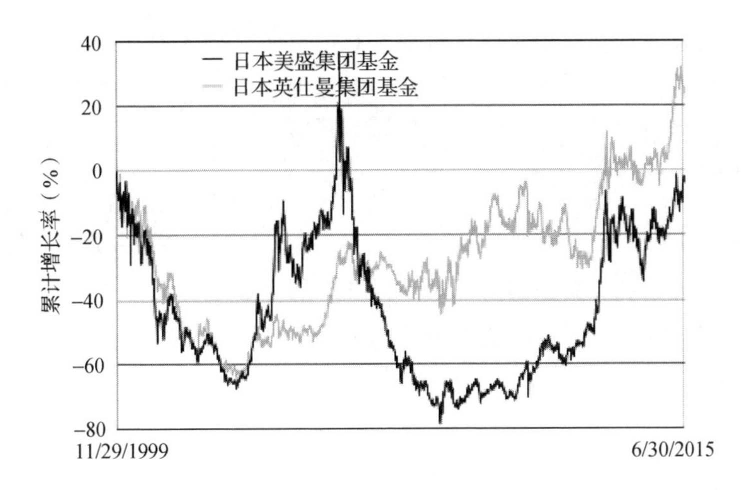

图 5.5　天壤之别——两个日本基金的比较

图 5.5 比较了两个日本基金的业绩，分别由美盛集团（Legg Mason）和英仕曼集团（GLG）管理。后一个基金的业绩很少达到图中高点，前一个却不止一次触及高峰。但作为投资者的你真正想选哪个呢？客户经常问我们为什么不推荐美盛集团（Legg Mason）的基金。这张图给出了答案。如你所见，美盛集团（Legg Mason）的基金在 2003 年、2005 年和 2012 年都斩获丰厚收益，如果你买入时机正确就能收入囊中。

但你也要看到该基金 2005 年达到峰值后剧烈下跌，经过 5 年业绩才出人意料地重回图中的高点。而同期英仕曼集团的基金业绩一直更平稳。尽管短期排名中它很少名列前茅，但也从未遭遇同样的暴跌。长期看来，该基金的业绩更好、更有持续性。所以我自己更愿意拥有英仕曼集团的基金。

请注意，如果仅看当前的业绩数据你永远无法了解这些。查看 1 年期、3 年期和 5 年期累计收益率时要提防其中的“陷阱”：即在任何特定时间点，比如美盛集团（Legg Mason）的日本基金业绩黯淡时，所有的累计数字却很好看，所以重在进一步观察强劲的累计业绩背后每一年的情况。也许 5 年里仅 1 年业绩突出——比如最近一年。该图就反映了这种情况。

当然你也可以从该图表中得出不同结论：你或许认为应该在美盛集团（Legg Mason）的基金接近业绩图中底部时买入，一旦获巨利之后便卖出。这主意很好！如果你这样想，那么不妨全力一试，但别指望我认同你。我自己不会做这种择时操作，我的经验表明你最好不要这样做。

图 5.6 是另一个例子。它展示了 2004 年以来两个知名的收入型基金：游恩收益型基金和景顺永续高收益基金的业绩。巧的是现在它们的基金经理都离开了——游恩基金的基金经理约翰 • 麦克鲁尔（John McClure）不幸身故，景顺永续基金的基金经理尼尔 • 伍德福德（Neil Woodford）离职创业，自立门户。期间业内很多时候将两个基金都归于股票收益型基金（理由很蹩脚，我不多做解释，但景顺永续基金现在还是找准了自身定位）。

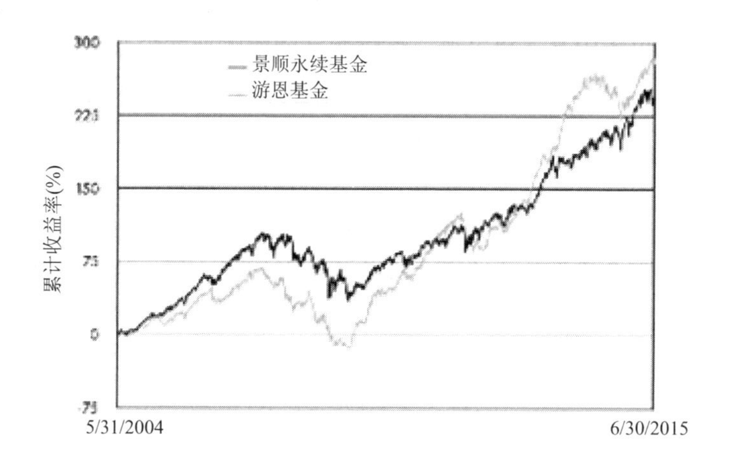

图 5.6　理解图表的作用——两个基金的比较

如图 5.6 所示，两个基金业绩都很好，但要注意它们业绩走势的不同。2004 年至 2009 年，游恩基金的业绩一直落后景顺永续基金，但自 2009 年熊市底部它突然开始强劲增长，从而一举成为两个基金的佼佼者，并成为股票收益型基金中的翘楚。

业绩好转的原因是什么？约翰 • 麦克鲁尔（John McClure）一直是位优秀的基金经理，他出身名门，经验丰富。但业绩拉开差距的真正原因是 2009 年后中小盘股大幅反弹，且一直持续到 2014 年 3 月，期间轻松超越大盘股。正是投资风格的转变成就了游恩基金在这特定时期的卓越业绩。而景顺永续基金的规模过大，不可避免地要投资更多大盘股公司，因此它的业绩就无法与规模较小的对手相提并论。

那么这能否表示景顺永续基金是个较差的基金呢？当然不能。由图 5.6 中得出的结论与先前的例子不同。这两个基金投资目标相似，但不同的运作方式导致两者在不同市场环境下会有不同表现。当小盘股表现突出时，游恩基金表现较好；当大盘股行情启动时，景顺永续基金则获得超额收益。个中道理并不难掌握，但投资者必须做足功课才能发现基金业绩背后的引擎。

图表还有项大作用：比如将这两个基金的业绩与富时 100 指数（代表大盘股）和富时全股指数或小盘股指数比较，很容易发现两者的区别。判断风格切换的难度不亚于判断牛熊市的顶部和底部，除非你很有把握，否则还是持有多个不同风格的股票收益型基金为好。我将在第 7 章对此做进一步探讨。

保持简单

因为历史业绩的跟踪无法洞悉所有的问题，所以你要获知基金经理的投资风格和投资的一致性。有一天一位很有前途的年轻基金经理问我，他要怎样做才能让我相信他是一位顶尖专业人士。我说："请坐下来，用不超过 5 分钟的时间告诉我你做了什么、理念是怎样的。"这应该非常简单。我 30 多年的经验是如果投资方法听起来很复杂，犹如关进了小黑屋，需要你削尖脑袋思考，那么你就要避开了。

我实际的建议只有一条，就是投资简单化。金融从业多年来，我能（很幸运）成功避免大部分错误的投资决策其原因是我意识到投资越复杂就越危险。投资真的不复杂，但许多专业人士都会尽可能复杂化，以此让你记住他们的聪明才智。尼尔·伍德福德（Neil Woodford）就非常善于阐述他简单的投资理念和最新的观点。他的话很好理解，3 分钟就能讲完。

在与基金经理面对面访谈时，我希望他们能简明扼要地阐述自己所做的工作，并总是记好笔记以进一步分析，这是我真正的后期工作。基金经理要迅速告诉我他做了哪些投资，理由是什么。当然每位基金经理都可能这样回答："我们寻找那些优质的公司"，虽然这听起来很高大上，但那又怎样呢？有谁真想买垃圾股呢？因此，我们不得不透过表象问一句"你所谓的优质公司是什么？"最优秀的基金经理会用近似简单的常识给出解释，而那些来自牛津、剑桥的基金经理其回答往往听上去天花乱坠、更为复杂！

虽然 DIY 投资者很难亲自接触知名的基金经理，但如今有很多采访视频，对你感兴趣的基金，你可以找到基金经理亲自阐述其管理之道。在 HL 证券官网上有很多这样的视频，你也可以试试 Trustnet、晨星和投资家（Interactive Investor）等网站。这样你至少能形象地看到是什么样的人在为你理财、他们如何介绍自己和自己的理念——诚然，不要忘了在拍摄之前他们都训练有素（他们当中有些人也很年轻，但你见到的大多数真人都要比宣传材料上的相片老成一些——有意思吧）。

所有基金都要出具定期报告披露基金业绩及最重要的持仓信息。这是有用的基础，它包括基金前 X 大持仓证券，并将基金持仓按行业分类。许多大型基金公司在官网上为访问者开通了重要公告及基金经理观点的邮件提醒，同时也提供基金的临时报告和年度报告。这些报告通常对基金的目标和业绩有更详细的阐述，它们还会列明基金的所有持仓证券（不仅仅是前 X 大持仓证券）。Artemis 公司的报告在这方面做得最好。法定报告是非常有价值的信息来源，但令人吃惊的是似乎很少有人知道它们。因此你一定要把它们找出来好好阅读。[①]

坚守纪律

一旦我们决定选择某位基金经理，主要目标就是确保他们遵守好投资纪律，如果他们开始偏离初定的限制就表示危险了。1999—2000 年的技术泡沫就是典型。当时任何与技术搭上边的东西都能招来狂热投资，以至于基金经理们发现如果不改变投资方向去追逐跟风，那么其职业生涯则有失败的可能。

我们当时问过基金经理："如果你一开始告诉我们你是位有纪律的价值投资者，只买那些估值便宜的股票，那为什么会突然去买一些新兴公司？它们的估值并不合你的规则。在以前你是不会触碰这条底线的。"这种情况如果发生了，就知道最终一定会出问题，因此这是我们卖出基金的信号。

那么使用了衍生品的基金呢？美国著名投资家沃伦·巴菲特（Warren Buffett）曾把衍生品比作"大规模杀伤性金融武器"，究竟是好是坏？我并不完全反对基金在投资策略中使用期权或期货，但这取决于如何使用以及使用的目的。例如，如果目的只是保证投资组合规避市场下跌风险，那么我就不介意。债券基金经理对衍生品的使用远超股票基金经理。他们有时会迅速投资特定的债券及市场，从而

---

① 在附录中，我摘录了 Artemis 基金的部分信息，投资者可以在线查询。

使得衍生品有用武之地。而对冲汇率风险也常不失为一种明智选择。

但是我不支持一些收益型基金为了博取更高收益采用诸如看涨期权等策略。这短期可能会增加收益，但其成本和长期的后果永远无法估量。投资看涨期权的基金产生收益较多，但实际上它们并没有多少骄人业绩。你必须问清楚这些基金是否真的适合它们的投资者，这些投资者的需求可能是另一回事。

“70后”“80后”可以接受这类基金，它们对该年龄段的人就类似短期年金，可以当即获得很高的收益，且将来不会再享有这些资产。但当他们到了55岁做退休规划时还这么想吗？不是的，我认为这时候选择收益型和成长型基金更好。

其他专业人士的观点

除了自己研究基金业绩，你还可以在其他地方找到更多关于基金及基金经理特点的信息。第一种是看基金评级，但这可能没有什么作用。基金评级由许多专业机构提供，比如晨星（Morningstar）、FE Trustnet、理柏（Lipper），Square Mile和《金融时报》（*Financial Times*）。每家机构分析基金业绩的方法大同小异，只是在基金评级上定性及定量分析的程度有所差别。

过去基金评级公司对看好的基金只是简单给予评星，其中五颗星最高，就像酒店和餐馆的评级。不幸的是当时没有更科学的方法，因此评级结果主要基于基金的近期业绩。研究表明，这种简单的评星体系并不能告诉你某个基金是否值得购买。现今尽管一些评级公司仍然采用评星体系，但它们在评估中倾向纳入更多数据，包括定性标准，评级工作也变得更复杂。现在基金评级在计算风险水平和风险调整收益时会全面考察风险和收益指标，其中风险调整收益通常是将基金在一定时期内获得的收益率除以它们的波动率（或标准差）作为衡量风险调整业绩的数学结果。

如果在研究中你碰到所谓的**夏普比率**（Sharpe Ratio）和**信息比率**（Information Ratio），那么它们就是这类分析的例子。这些指标数值越大，理论上基金越好。凡是夏普比率或信息比率大于1.0的基金都可视为业绩突出，而为负值的基金则显然业绩不佳。

为什么我说这类评级只是判断基金优劣的基础呢？原因有几个。一是根据大致经验，我和研究的同事们分析了许多指标相同的案例，结果发现在实践中我们原先对基金的优劣已有认知，这类指标仅仅是补充而已。它们要么太简单，没有任何实际价值；要么太复杂，以至于其含义超出了从原始业绩数据中获取的信息。但不论如何复杂，所有评级和风险调整指标的计算都受制于现实：即以过去的业绩数据为基础（尽管程度各不相同）——而我们常被提醒过往业绩并不能作为未来表现的指引。尽管金融理论中收益率的波动率被广泛用于对风险的度量，但就基金的真实风险而言，其并非是好指标，有时必然会误导长期投资者。另一个问题是风险调整指标也会随时间的改变而改变：其结果不是非常稳定，因此某个时点上某个基金的夏普比率较高，但可能一年后该指标会由好变差。

因此我的观点是：评级当然可以关注，但永远不要迷信它，它终究替代不了经验丰富的基金分析师的判断。

其他有用的资源

通过研究机构、独立财务顾问和中介机构推荐的基金名单来寻找有投资价值的基金也很有用。例如，我精通的 HL 财富 150 名单，它由我负责推出。该名单包括了我们挑选的各类最优秀的基金。其他证券经纪人也有类似的推荐名单和报告，其中有些会定期在媒体上披露。另外“零售分销审查”（Retail Distribution Review，RDR）制度为降低经纪人和基金公司的沟通成本扫除了障碍，因此那些能用购买力为客户大幅降低协商费用的投资顾问和中介机构也值得我们关注。

不同的经纪人和研究机构推荐的基金通常高度相似。这并不令人意外，长期以来业绩良好的基金经理，比如尼尔·伍德福德（Neil Woodford）或者尼克·特雷恩（Nick Train）往往受到不止一家研究团队的青睐，因为分析方法大多类似，基金经理无论嘴上怎么说，实际都非常看重其过往的业绩。在我们的案例中，根据与基金经理面对面交流得到的信息和判断并采用宽泛的筛选技术，特地开发了一套分析方法帮助我评估每位基金经理真实的选股能力。因为我相信选股能力是主动管理基金增值的关键。

在 RDR 规则变更之前，情况比较复杂，一些经纪人（我得补充一句，HL 不在其中）从基金经理那里获得佣金，从而在很大程度上影响了他们对基金的选择。20 世纪 90 年代，一家臭名昭著的“独立”财务顾问公司积极招徕基金公司在他们的推荐名单上花钱买一席之地。所幸这家公司被行业监管机构——金融服务管理局（当时的名称）发现并被勒令退出。

即便你是 DIY 投资者，且决意自己来研究，也仍有必要看看那些优秀的经纪人和独立的评级公司推荐的基金。如果他们的分析与你的观点大致吻合，那么你应该更为宽心，因为你选择的基金已由专业人士分析过，并至少通过了一些基本的定性测试。同样如果你自己发现或得到了某个基金，但没有评级也没有专业人士推荐，那么这或许提示你该基金并没有像看上去那么好。但请记住，财务顾问们可能倾向推荐最保守的基金。（你可能记得那句老话：没有一位 IT 经理会因为选择 IBM 而被解雇。我敢说在我们的业务中有时也有类似情况发生。）

甄别基金优劣的第三个方法是选择经验丰富的多管理人基金，这类基金只会与购买的其他基金构成投资组合，然后按照个人需求作为一站式解决方法提供给客户。HL 的多管理人系列基金就是一例，它主要以我们给 HL 财富 150 名单做的研究工作为基础。还有一个知名案例是约翰・查普费尔-罗伯茨（John Chatfeild-Roberts）和他的团队运营了 20 多年的 Jupiter's Merlin 基金。

多管理人基金若想业绩长青，就必须知道该基金的投资者要在底层基金的费用上支付第二重管理费，这些费用必须得到长期优异业绩的支持。优秀的多管理人基金所持有的基金名单非常宝贵，它们可以作为 DIY 投资者的信息来源。因此毫不奇怪，我自己的养老金账户和 ISA 账户所持有的基金几乎都是我同事李・加德豪斯（Lee Gardhouse）在其多管理人基金中的持仓。

品格与个性

在第 4 章中，我把经验作为评估基金经理的关键因素，同时我还想强调一下角色的重要性。幸运的是没有一家单位信托和 OEIC 完全破产或被认定为是彻头彻尾的骗局，但多年来还是有很多投资经理没有为投资者做好工作。[①]你当然要避开这类人，即便对优秀的基金经理你也需要观察：在任何时候他们都应该坚持为投资者的利益工作，而不是为自己和雇主卖力。另外他们也可能会失去工作的动力和兴趣，当然在我的经历中这并不多见。

业务压力可能会迫使他们把基金变成“秘密跟踪基金”（Closet Tracker）或者

① 业内最近一例基金违约是摩根・格林纳达管理的一个声名狼藉的基金，其投资被证实违背了所规定的投资参数。该基金最终所有者德意志银行（Deutsche Bank）给予基金投资者全额补偿。

在某段时间里出工不出力，只是复制业内他人的做法，放弃自己的思考。有时候基金公司可能需要或者必须保证某个成功的基金能继续吸收新进资金，因此并不顾及该基金规模是否太大、太受关注，导致基金经理无法正常操作，实现不了目标。所以对那些正在积累资本（尽可能从投资者那里吸取资金）的基金公司，你必须一直保持警惕，这比考虑基金业绩还重要。

基金经理端正态度、积极改变都需要时间才能看得出来。在访谈基金经理时，我都在揣摩他们的状态。我们访谈的规模在业内首屈一指（平均每年举办 300 次会议）。并不是每个基金经理都像尼尔斯•陶比（Nils Taube）那样致力于工作的，最终他以 70 多岁的高龄在案牍前溘然辞世！伟大的基金经理都狂热于他们的事业，其中很多人还在自己的基金业务中持有大量份额——这是好现象。

另外，还要记住基金（至少是我选的主动投资基金）经理也是人。因此他们和我们一样，才能、个性、脾气都各异，还有不同的习惯、追求和动机。我最推崇那些出现问题时能表现出勇气并履行责任的人。杰出的基金经理即便在困境中也能表现很好，并且他们永远不会忘记管理的资金最终是别人的，而不只是自己赚钱的工具。

优秀的基金经理能赚到很多钱，但出于人类天性，一旦他们取得一定程度上的成功，有些人便会松懈下来。作为投资者你要关注这些风险。话虽如此，但我认识的大部分优秀的基金经理有点像学校里的孩子，总想着名列前茅，他们会把这种竞争的动力保持到退休以后。我们作为专业顾问，定期与名单上大多数基金经理交流，一直倾听他们个人和职场生活中所有的难题。这对普通投资者来说并非易事，但他们可以从网上找到些许答案。

成本与费用

基金的持有成本对投资者的收益影响很大。在过去的几年中，基金成本已成为基金业的热议话题。简言之，成本按理会影响你投资的结果，所以当其他情况相同时，成本越低越好。但就像你买汽车，不会单纯图便宜就买最便宜的，所以你也要明白好基金收费高是正常的也是合理的。关键的问题是在考虑基金风险的同时，也要考虑其带来的收益能否弥补较高的费用。

我知道你会觉得这很容易，但现实中要厘清基金的真实成本可不像听起来那么简单。其原因之一是这个行业并非看上去那么光鲜。多年来业内硬性披露标准的缺失，使得各公司披露费用的方式各异，并且可以避免的疏忽也未能规避。即便现在行业监管机构出台了更透明的新规，并坚持要求标准化报告，但收费方式还有区别。单个基金可自主将年度管理费用定在它们认为市场可承受的水平。大量购买基金的专业机构其费用比个人投资者低。除了基本管理费，基金公司附加费用也因基金不同而差异很大。

总体而言，复杂的成本问题并非是基金本身固有的，在你准备投资前就已经存在了。例如你要计算某个基金的成本，是该用它去年支付的实际数据还是用今年可能产生的数据呢？如果该基金的规模在这一年内显著增长或缩减，那么以上两种算法的结果会大相径庭，况且规模变动时有发生。现今所有的基金都要披露它们的持续费用，即 OCF，它反映了上一个会计期间基金在一系列成本上花费的总金额，并按基金规模的百分比列示。对主动管理型基金而言，这一数值通常在每年 0.5%～2.5%变动（但被动型基金要少得多）。但你不能把它当作全部成本，因为我先前提过在某些情况下，基金公司还会收取额外费用（超过监管机构规定的收费），这一费用可从 0%～0.3%不等。

要牢记重要的一点：即便很小的百分比变动也会在资金上产生巨大差异，就像主动型基金收益率多年来呈指数化增长那样，收费过高的基金会受成本的拖累。如果长达 10 年，那么基金费用中 0.5%的差异将产生巨大负作用。假设两个基金每年都以 8%的速度增长，但一个每年收费 1.5%，另一只 1%，那么 10 年后费用差异将大约损耗总收益的 10%。如果起初两个基金各投资 1 万英镑，那么收费高的基金将比另一个收益少 1 000 英镑！

那么该如何合理看待成本呢？第一，需要正视成本的重要性，对关注的基金要看好它的费用；第二，不同类型的基金其费率结构往往不同：通常被动型基金费用（理应）最低，投资信托和单位信托收费类似，但成本较高，诚然，有些老牌的多元投资信托收费会比相应的单位信托和 OEIC 低；第三，注意我提及的额外收费；第四，除了每年的管理费，还要关注基金和投资信托是否收取业绩报酬。

我认为提取业绩报酬看着很好，但并不透明也难以理解，并且几乎无法提前获知，所以要知道这不适合你。但你听到别人讲的业绩报酬却是：基金只有达到预先约定的收益目标时才提取，从而实现投资者和基金经理双赢。对此我并不买账。要知道业绩报酬意指基金业绩好，你要付钱给他们，但业绩不好他们并不还钱给你。在极端情况下，如果业绩费用没有上限，投资者最终每年需多交 4%的费用，所以算算 10 年复利下来再说它合不合理！因此我认为比起其他费用，业绩报酬显得更加贪婪。[①]

我认为真正检测基金成本的标准是该基金是否足够优秀从而有管理费用超乎平均水平的资格。在我自己持有的及推荐给客户的基金中，我估计有几个就是如此的，但我不会因为成本高就把它们卖出。近几年在媒体上你可能看到基金的成本仍比原先高出很多，但实际上这是特例，整体的大趋势是下降的。我刚从业时大部分单位信托初始费用是 5%，即你每投资 100 英镑，基金收取 5 英镑，其中一部分是启动费用，一部分要付给推荐基金的投资顾问。谢天谢地，现在初始费用取消了。过去几年被动型基金的年度费用也大幅下降。1996 年维珍（Virgin）集团推出首批全市场跟踪基金，其 1%的年度管理费非常便宜（确实很便宜，但也只是相对而言的）。而现今你可以买到类似的跟踪基金，费用却低至 0.09%，甚至更少。因此如果你想买收费便宜的基金，那么它们都是你的选择。

主动管理型基金的收费显然比被动管理型基金高出很多。自 2013 年规则更改以来，最大的变化是客户在购买基金时不用向投资顾问支付年度佣金。原先大部分基金通常每年收费 1.5%，其中一半要缴给经纪人、投资顾问或中介机构，因为他们带来了客户，剩下的 0.75%则归基金公司。现在基金自主设定费用，投资者以其他方式向给他们推荐基金的个人或机构支付费用（按行业术语，即佣金已从年度管理费中“拆分”出来)。基金管理公司现在必须直接披露他们的年度管理费。诚然这还处于新政生效初期，但我发现整体收费趋势大致在逐渐降低。

消费者真正需要的是更清晰的信息，这样他们可以按类似的标准比较各基金的成本，OCF（操作员控制台程序）已在这方面投入使用。但业内对哪些费用该纳入相关成本尚有争议。例如，是否应该包括基金的换手费用（基金经理在买入和卖出持仓时支付的费用）？换手率越高，基金成本越高，最终投资者的成本也越高。因此不难发现许多非常优秀的基金经理，包括我自己购买的那些基金，其换手率都很低。

当然情况会不断发展，因此我现在告诫读者要对此做好深入研究，并积极关

① 关于伍德福德患者资本信托基金我有一个例外，该信托基金大胆地收取业绩报酬，但每年都没有年度管理费，奇怪的是没有别的人抄袭它这条路！

注任何可能的变化。不幸之处在于根据我的经验，许多文章论及被动管理型投资和主动管理型投资的相对优势，尽管将成本视作两者关键区别，但却失之偏颇。关于两者的争论已沦为两派信徒宗教般的争执，他们彼此都无法接受对方的观点。我建议你从实际出发，理解双方的观点，努力从中找到最好的基金。

要有耐心

如果要我敦促投资者必须避免某个常识性错误，那就是要对自己选择的基金有耐心。基金投资应被视作一项中长期投资，因此要给它们时间。倘若某个基金起初或某段时间业绩不佳，你立即抛弃并更换其他基金，这种做法很不妙。如果给你最初的选择多一点时间，坚定持有，就会得到更好的收获。只有在机遇合适的前提下某个基金业绩持续不达预期，你才应该考虑换掉它们。

最近一位客户跟我抱怨，说我们推荐的某微小盘基金（nano-cap fund）2013 年来一直业绩不佳（超小盘基金只投资股市中市值不足 1 亿英镑的小公司）。该基金起初涨幅强劲，并且只在 2014 年 3 月小盘股涨势结束时出现过下滑，但其收益率只有 6%左右，不能说业绩很好。这位客户因为短期业绩不佳就把基金卖掉了，我认为他应该更有耐心，因为这类基金的特点是某年的收益率会突然高达 100%，只是谁也不知道会在哪一年。所以在找到一位经验丰富的基金经理之后，耐心等待通常都是会有回报的。需要更有耐心——以小盘股基金为例，如图 5.7 所示。

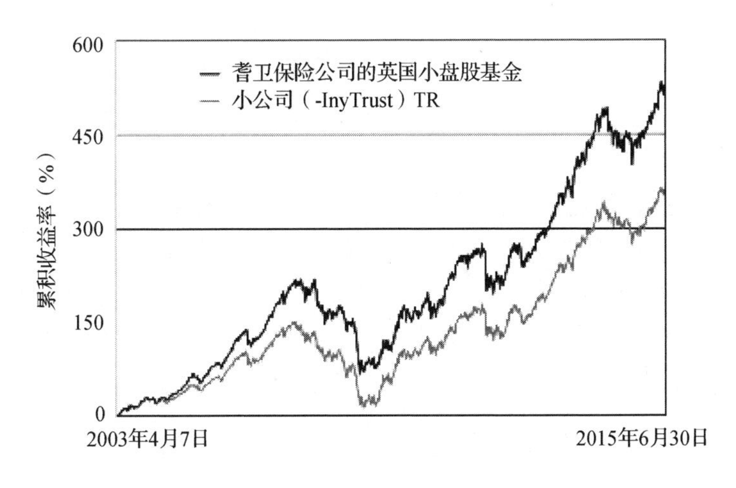

图 5.7　需要更有耐心——以小盘股基金为例

图 5.7 与图 5.8 是两个主动管理型基金业绩表现的例子，我已密切关注它们多年。其中一个是耆卫保险公司[①]（Old Mutual）的英国小盘股基金，由丹·尼克尔斯（Dan Nickols）管理；另一个是首域公司（First State）的亚太领先基金（Asia Pacific Leaders），由首域亚太股票团队的元老安格斯·塔洛克（Angus Tulloch）管理。为什么我选这两个基金？因为我觉得它们非常清晰地阐述了基金经理如何为耐心的投资者博取收益。

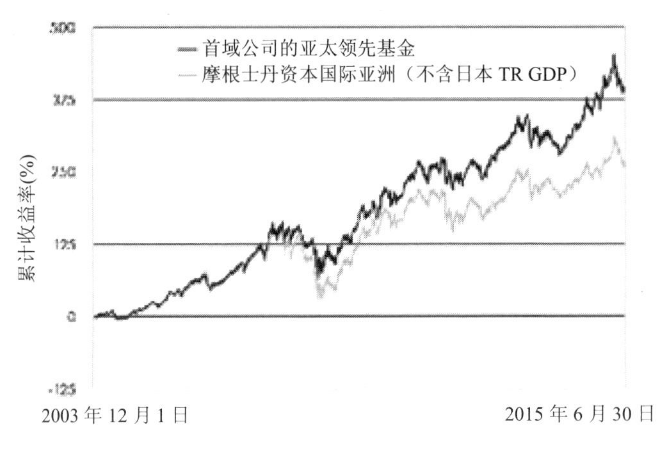

图 5.8　要有耐心——以投资的特定地区为例

如果你聪明绝顶，能预见全球金融危机来临，那么你可以在 2007 年卖掉这两个基金，到 2008 年熊市加剧，你可能洋洋自得，因为两个基金都下跌约 50%，投资亏损一半——一点也不开玩笑。但如果持有这些基金三年以上，你的亏损就都回来了。在实际操作中你会决定再买回这些基金么？2009 年年初（如我们现在所看到的）就是熊市底部吗？我对此深表怀疑。

要知道当时许多股评家都认为市场将再次腰斩，媒体也充斥着二次衰退和银行有倒闭风险的言论，届时市场信心处于最低水平。我们的客户鲜有人出手。当然如果此时你准确判断市场是底部，那么会大获成功。但如果（我非常怀疑）你仍持有现金会如何？只要看看你从低点错过的收益就明白了！你还要知道如果你在投资价值下跌 50%时变现，那么你需要获得 100%的收益才能回到原先水平。

① 译者注：耆卫公司（Old Mutual）即英国耆卫保险公司，成立于 1845 年，总部设在伦敦。

但是在图 5.8 中我看好的两个基金都从危机期间的最低水平反弹超 250%，远超 2007 年的高点。换言之，如果在这段艰难的危机期间，你一直坚定持有这些基金，那么现在你的境遇将再次改善，而且坚定持有的人几乎不必做出任何困难的抉择。个中道理很简单：如果你试图自以为是地判断市场，那么基本必输无疑。但遗憾的是类似情况我目睹太多了。虽然在 2008 年面对海啸般的负面评论，难以保持镇定，但对大多数投资者来说，继续持有就是正确的选择。所有股市大跌之后都会迎来复苏。经验表明情况最差的时候，你最好镇定自若，去钓钓鱼或从事其他的爱好，把注意力从忧心忡忡的环境里解脱出来会变得很轻松。优秀的基金最后都会涨回来的。

要点记忆

- 基金的投资风格是决定基金业绩的重要因素。
- 越专业的基金，其业绩波动越大。
- 投资小盘股的基金风险更高，但通常长期收益也更高。
- 要在各类基金中选出最好的基金，而不是试图先选出最好的基金类型。
- 对于你选择的基金，一定要挖掘它原始的业绩数据。
- 要运用图表分析，跟踪基金从前的业绩。
- 经验丰富、持续性好是优秀基金经理的标志。
- 如果基金经理离职创业，不用太担心，这往往是件好事。

第 6 章

构建并管理投资组合

找到最好的基金和基金经理只是投资者面临的挑战之一，此外你还须把看好的基金构建成一个均衡的组合，使其符合你的目标和投资限制，从而使各基金能较好地结合在一起。在这一章，我将就此提出些个人见解，并举例说明适合投资新手的投资组合模型。这些将从第 2 章中提到的资产配置展开。

价值比潮流重要

我经常听到有个人投资者说他做投资比专业人士还好。我想这或许不假，在某些时候的确可能。但持此观点的人往往没有做好比较。许多个人投资者构建的投资组合并不符合专业人士要遵守的风险约束，因此可能会导致投资失败。他们的组合往往分散不足，且过度依赖于某一两只投资标的的出色业绩，所以要么长期业绩乏力，要么业绩难以复制。

市场下跌往往有周期性。上涨时人们获取超额收益所承担的风险意味着市场下跌时会带来更多亏损。运气好的人有时候会认为自己是投资天才，但现实会习惯性地把他们打回原形。个股投资者尤其如此，多元化的基金投资者也一样。美国的定期调查表明，购买基金的个人投资者其收益很少达到基金的平均水平（这更让人悲哀，因为基金的平均收益也不能战胜市场）。以我过去 15 年在 Hargreaves Lansdown 公司对客户的观察，我相信在英国同样如此。

这种情况为什么会发生呢？原因是太多的投资者在错误的时点买入基金，并且通常是在基金某段时间获取优异业绩后才买入的。投资是一项周期性的工作，我认为要想保持业绩长青，就不能在短期内对某个经济体、某个行业或市场可能的优异表现大额押注。我们应该在市场的所有领域都能立足，而不是仅限于在某个领域挑选好基金。有时如果时机合适还可以加入某些特定风格或特定行业的基金——但不是每位投资者都会这么做。任何时候都会有一两个行业或市场会因为当时的负面消息被投资者回避，而其他行业和市场则讲着动人的故事，气氛也好，它们占据了所有头条新闻，吸引资金涌入。

但事后看来，你想买的那些基金往往无人问津，别人也未必都感兴趣。实际上投资者都倾向于选择那些最流行的产品，但是潮流来去，投资者很少能把握新的趋势成为弄潮儿，最终酿成苦果。在世纪之交的科技热潮中，成千上万的投资者因过度投资互联网股票和基金发了财，但后来在行业坍塌时没能及时抽身，最终导致财富损失。而烟草、制药这些枯燥、不受关注行业又开始受到青睐，我最喜欢的股票收益基金也是如此。

所有拿一半资金投向科技类基金的人都两度受损，第一次因长期持有受损，第二次因科技行业崩溃错失新的获利机会受损。很少有人能在股票基金上成功把握科技浪潮的顶峰，然后卖出股票收益型基金并抓住下一波浪潮再买入。所以除非你有非凡远见或者足够有勇气特立独行，否则我建议你不要妄想成为大赢家。

一种更为审慎的做法是减少在个别行业、市场上的大额押注，而最好广泛投资一系列不同领域的基金，并集中精力在每个领域选出最优秀的基金经理来获取超额收益。这是我多年投资所遵循的方法，也是我的公司专注研究的工作。虽然总有人吹嘘它们持有的某只基金业绩何其优秀，该方法可能不会让你每年都脱颖而出，但随着时间的推移，你的业绩很可能会突显出来，并且甩开投资经验不达平均水平的大多数基金投资者。

平衡投资组合的风险和收益

显然，在构建投资组合时，风险是要考量的因素。它通常伴随收益产生，两者呈正比关系。不幸的是，它就像美学概念一样，旁观者能看在眼里，却难以量化。在投资中我们常说资金损失或损失风险的比例。但损失风险意指你的投资是暂时还是永远都低于你付出的本金吗？长期看来，前者可能是为了博取更高收益付出的代价，而后者显然不是。一种定义风险的方法是将风险与波动率等同，即从某时期到下一时期投资价值的变动程度，该方法在学术文献中更受推崇。

这两种方法都不尽如人意，尤其是对风险的理解和容忍度因人而异。因此试图将投资标记为低、中、高风险的做法尽管出发点不错，但也可能招致危险的误导。以“低风险”投资为例，在现实中，很多个人投资者都将其解读为“没有真正的损失风险”。比如由英国政府全力支持的国债通常认为风险较低，但在 1994 年它们遭遇了 36 年来最惨淡的一年，一些长期国债在短短 9 个月里价格下跌了 20%以上。近年来随着利率处于英国央行成立以来的最低水平，而英国政府债务量也创历史记录，因此要说它们安全也很牵强，因为任何以当前价格购入的人都面临着巨大的损失风险。

实际上风险不止一面。国债之所以安全是因为在最终到期时你一定能拿回一笔数量已知的资金。但这并不意味着一开始你以高价购入，将来不会产生损失。没人能保证在你获得偿还时，收回的既定资金其价值和期初具有同等的购买力。在高通胀时期，你投资组合的“真实”价值，即这笔钱的用途可能很快受到侵蚀。

另一个问题是按照传统定义，风险是双向的，即在上涨和下跌时都会有风险。如果你真的不愿意承担风险，那么意味着你多年来的平均收益率非常低，以至于把钱都放在房屋建筑协会的账户里。最近一位投资者给我写信说，20 多年来他对哪怕是最轻微的风险都不愿意承担，他为此付出了高昂的代价。他意识到他的投资期限很长，应该进行中等甚至高风险的投资，但是为时已晚。如果那样做，那么他获取更高收益的可能性也更大。总之教训是，随着时间的流逝，短期看上去有风险的东西会在长期变成赢家。

分散化和风险

你越深入研究投资文献，就越能发现分散化的好处，分散化简言之就是不要把所有的鸡蛋都放在同一个篮子里。这虽然只是个常识，但付诸实践却不像以前那样容易。分散化投资成功的关键是拥有一系列的投资，并且你能预期到它们有彼此不同的表现，如果某项投资表现较好或者较差，另一项投资则会与之相反。按理财顾问常用的统计术语来说，重点是你持有各项的投资是否相关。两只正相关的基金倾向于一个方向同步变动，而负相关的基金则倾向于反方向变动。

表 6.1 为那些喜欢数字的人列出近期各类投资资产的相关系数（要注意，这些关系可能随时间而改变），其中减号表示两类资产负相关，正号表示倾向同向变动。数字越接近 1（即+1.0 或-1.0），相关性越大。因此你看到富时 100 指数和富时全球欧洲指数（除英国外）高度相关（+0.90），但富时 100 指数和英国国债却并非如此（–0.13）。所以，股票风险较高、收益也较高；债券风险较低，通常收益率也较低。如果股市下跌，则债券有助于抵御该冲击。

但当今世界全球化日益加剧，市场和经济的结合比 30 年前更紧密。例如通过地域来分散化比以往更难。过去，一些国家股市的相关性没有现在这么高。正如我们所见，2008 年美国股市大跌，很快蔓延全球。其他资产也是如此：2008 年有人认为公司债券是安全资产，结果发现几乎没有实际保障作用，其价值也大幅下跌。危机期间真正有防御价值的是政府债券、现金和某些不动产。

表 6.1　各类投资品种相关系数

10 年期相关系数										
	富时 100 指数	标普 500 指数	富时全欧指数（除英国外）	MSCI 新兴市场指数	英国国债	投资级公司债券	高收益率债券	对冲基金	商品篮子	英国不动产
富时 100 指数	1.00	0.77	0.90	0.78	-0.11	0.47	0.74	0.72	0.46	0.25
标普 500 指数	0.70	1.00	0.80	0.66	0.02	0.30	0.60	0.45	0.31	0.20
富时全欧指数（除英国外）	0.88	0.71	1.00	0.79	-0.02	0.42	0.82	0.65	0.38	0.12
MSCI 新兴市场指数	0.66	0.68	0.68	1.00	-0.03	0.36	0.72	0.71	0.53	0.13
英国国债	-0.16	-0.10	-0.23	-0.09	1.00	0.49	-0.05	-0.24	-0.12	-0.21
投资级公司债券	0.34	0.17	0.33	0.35	0.68	1.00	0.50	0.43	0.14	0.15
高收益率债券	0.74	0.55	0.86	0.69	-0.26	0.34	1.00	0.66	0.42	0.00
对冲基金	0.75	0.57	0.77	0.63	-0.14	0.39	0.67	1.00	0.53	0.35
商品篮子	0.47	0.36	0.39	0.54	-0.19	0.04	0.39	0.44	1.00	0.08
英国不动产	-0.14	-0.02	-0.10	-0.05	-0.01	-0.14	-0.18	0.00	-0.16	1.00
3 年期相关系数										

分散化较好的投资组合由许多不同的组成部分构成，并且它们的变动趋势各异。表 6.1 显示了近 10 年来不同类投资品种的相关性。数值接近 1 表示两类资产大部分时间里同向变动；数值接近 0 表示着两者之间没有相关关系；数值为负表示两者呈反向变动。把它们配置在一起最能有效分散风险。

数据来源：J.P.摩根资产管理

长期内很难说如果我们再次遭遇股市重挫，现在的政府债券还能否发挥很好的作用。在如今市场上，虽说各大类资产间有些分散作用，但现金可能是较好的分散组合风险的工具，尽管其收益率很低。如表 6.1 中所示，英国国债和其他类的固定收益证券即所谓的高息债券相关性很低，后者由信用评级相对较差的公司（或国家）发行，因此付息较高，但风险比高质量的政府债券大，股价涨跌时，其表现与股票类似。因此在股票投资比例较高的组合中，它们的分散化作用有限，但对以债券为主的投资组合，则是提供收益和分散化的有效工具。

投资组合分散化与建模

每个人都要在他们的投资组合中引入分散化元素用于分散风险，从而防止一系列不确定的后果。要实现这一目标取决于你对投资和储蓄的取舍。你或许刚开始投资，可能想逐步构建投资组合，也可能想一次性投资且在以后几年里不再投入。有时候你的确会有一大笔钱亟待投资，但定期每月或每季度按计划投资则更为普遍。

如果你做一次性投资，那么确实要找到一只投资范围宽泛、能覆盖各主流市场的基金；如果你开始投资并打算日后逐年投入，我认为你起初应持有英国主流基金作为核心资产，后期可加入全球股票基金和适当的固定收益基金来进行平衡。投资组合越成熟，一开始就越容易做好分散化，即便需要你调整已有的组合。随着时间的推移，将一只或多只涵盖各类资产、各种策略互为补充的基金组合在一起会很有价值。

顺便提一句，很少有资产管理公司能在各时段通过频繁更改资产配置策略，即定期改变股票、债券、不动产等组合为客户实现持续增值。这并非巧合。我很少看到有投资团队这么做，我也不鼓励你这样做。当然也有例外，但以我的经验这并不多见。例如，大多专业投资者在 2010 年、2011 年卖出了债券，可债券却一直涨到了 2015 年。

我通常建议你应尽可能少追逐热点。投资者大部分重大资产配置的举措往往都是下意识地对新闻热点做出反应，这些事件要么发生在世界上某个地方，比如希腊，要么本质上是政治事件而非金融事件，比如政要大选。大多数情况下，这些“关键”事件比当时看上去更为温和。这些事件蔓延出来的恐惧情绪能为你提供良好的入市时机。因为它们反映的是情绪面而非基本面。比如股市的暴跌通常就是买入的契机，而非卖出的机会。

衡量各类资产长期历史业绩时，随着时间的推移它们确实会变得非常昂贵或非常低廉。因此了解一些历史情况能帮助我们对主要的资产进行估值。但这些情况 10 年里也只会再发生一两次，在其余大部分时间里这些资产都少有人关注。这就意味着它们可能上涨 20%，也可能下跌 20%，但没人能确切知道其中的原因，因此只能像赌博一样猜测。所以你最好还是静待结果，在等待时可以去打高尔夫球、钓鱼、玩帆船等，去做任何消遣的事！

虽然我不清楚每位读者的个人情况，无法具体推荐合适的基金，但我为 HL

客户设计的初始投资组合模型值得关注。它主要分为五类，[①]其中关键在投资者要投资多少金额、是一次性投资还是定期投资（按每个月、每季度或每年），另外投资期限和风险容忍度也至关重要。每个案例虽有差别，但你可以根据自身情况制定相应的标准。各模型最低要求是一次性投资100英镑或者每月定期投资25英镑。为保持一致，每个案例我都遵循类似假设，即每年一次性投资1万英镑或者每个月投资500英镑。保守的投资组合如图6.1所示。

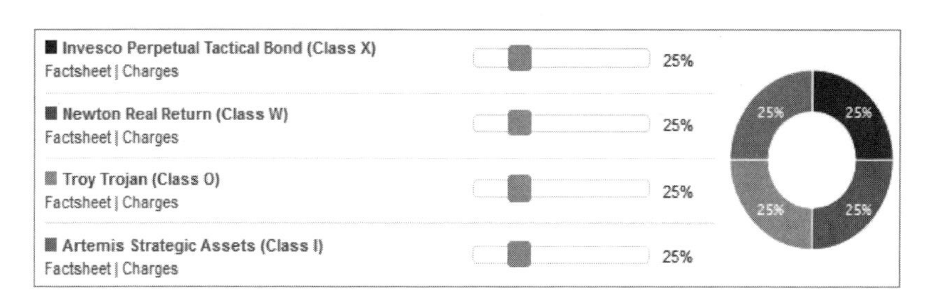

图 6.1　保守的投资组合

我建议那些没有风险承受能力或不愿承担太多投资风险的人持有如图6.1所示的保守投资组合，因为他们没有太多富余的资金，或者因为短期有用钱的需求。该组合由4只非常保守的基金构成，它们无法取得巨额正收益，但在股市下跌时承受的亏损也少。投资资金按4只基金平均分配。（虽然这里的基金都面向普通个人投资者，但请注意它们的分类都以不同的字母标示——这也是该行业总让人模糊的现象之一！）只要你深入研究这4只基金的持仓，就会发现其中债券和固定收益证券的投资比例很高。

图6.2是中等风险投资组合的案例，适合一次性投资1万英镑的投资者。该组合包括5只基金，其中Newton真实收益基金和Artemis战略资产在保守组合中也有，另外3只基金则更多持有股票头寸。该3只基金：伍德福德股票收益型基金（Woodford Equity Income）、耆卫英国Alpha基金（Old Mutual UK Alpha）和Lindsell Train全球股票基金（Lindsell Train Global Equity）都投资股票，且大多是英国或全球市场上的大盘股。而Newton真实收益基金和Artemis战略资产是股票、债券混合投资，其主要目的不是收益最大化，而是期望在各种市场环境下保持稳

① 保守型、中等风险型、激进型、适合孩子的和定期收益型。

定业绩。每只基金都持仓庞大，所以整个投资组合虽然只有 5 只基金，但它们无论在地域上还是在资产类别上都能充分分散化。

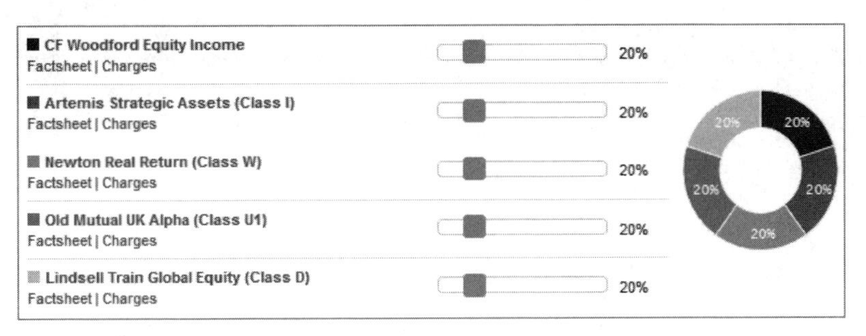

图 6.2　中等风险的投资组合

对风险偏好更高的人而言，图 6.3 中的激进投资组合（截至 2015 年 5 月）或许更适合作为基础。同样，其中 2 只基金也在中等风险投资组合中持有，但该组合更多地投向新兴市场和小公司的股票，虽然它们风险更高，但长期是被看好的。其中马尔堡超小盘基金（Marlborough Micro-cap）投资市值最小的那些公司，因此只给予 10%的权重。随着市场的涨跌，你会发现该基金的涨跌幅比其他两个组合都大。

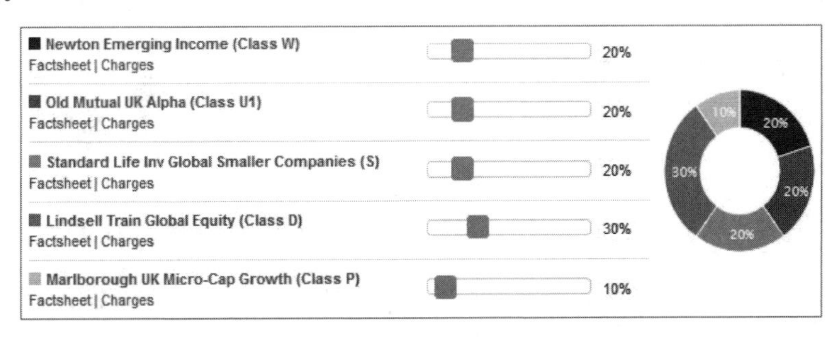

图 6.3　激进的投资组合

图 6.4 中的投资组合专为孩子们设计，由父母们代其投资。该组合的逻辑是孩子们投资期限很长，因此适合承担最高股票风险，因为正如我们所见，随时间的增加，股票获得大幅正收益的概率也提升。孩子们在 18 岁或 21 岁之前可能无法接触这些投资，况且他们潜在的投资期限可能更长，因此他们有充足的时间静待投资成熟。该组合中新兴市场的权重高出很多（Newton 和首域基金权重达 40%），而我最推崇的小盘股投资基金权重仍是 20%。

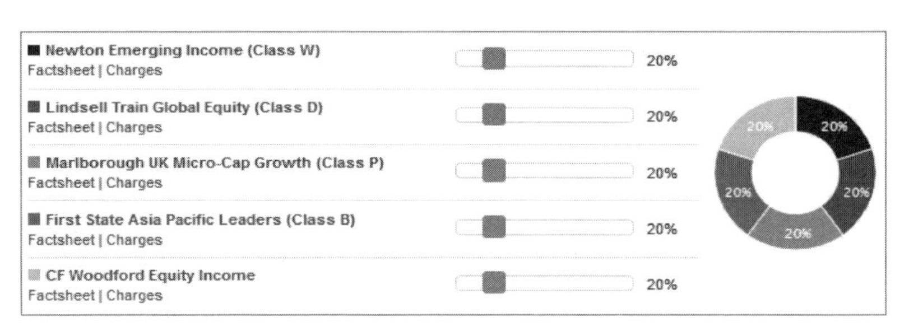

图 6.4 适合孩子的投资组合

如图 6.5 所示的这个投资组合是专为看中收益的人设计的，其资本增值则是次要目标。该组合主体由 HL 多管理人收益成长信托构成，它投资 11 只利息最高的股票收益型基金（它也是我个人投资组合中持有的基金）。其他 2 只基金专门投资固定利率证券，但投资方法不同。其中伦敦皇家基金付息比 Artemis 战略资产债券基金更多，风险也更高。但后者在债券市场下跌时能更灵活地保护本金，当然前提是基金经理决策正确。这也充分展示了如何在某类资产内实现分散化，而不仅仅是在资产间分散，将两基金结合起来则对固定利率市场建立了更全面的投资敞口。

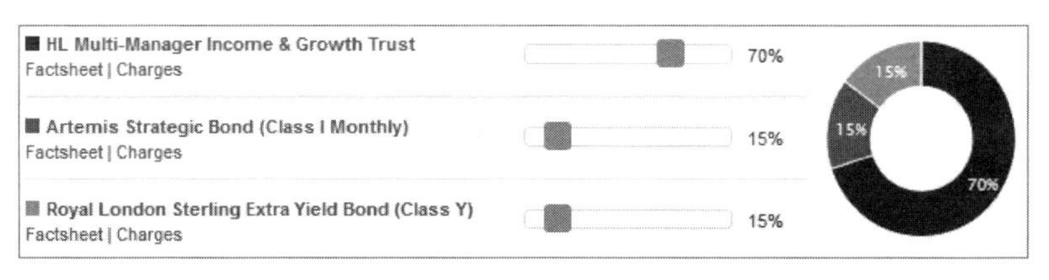

图 6.5 定期获取收益的投资组合

再看中等风险投资组合，该组合虽然未持有债券基金，但并不表示它没有分散化的保护措施。你必须深入研究才能发觉它的真实本质。例如 Newton 真实收益基金持有 37%的债券和 7%的现金，Artemis 战略资产持有约 25%的现金及现金等价物。事实上 Artemis 基金正在大力做空美国、英国和日本等发达债券市场上的政府债券，因此如果这些债券开始下跌，则该基金业绩会更好。

你可能注意到我用大部分相同的基金构建了这些投资组合，它们正是我研究非常透彻、非常了解的基金。我的分析也表明它们能很好地组合在一起，这也非常关键。其他专业投资者和投资顾问可能会推荐不同的基金来构建组合，毕竟没人敢说只有这几只才能做好。对于大多数投资组合，我也能提出一两个可靠的替代方案，但重要的是，大多数基金难以超越市场平均水平：如果把握不住，则可以使用一系列更便宜的指数基金。构建组合的挑战和收益都来自对每类投资中少数优秀基金经理的发掘。

权重和基金数量

需要指出：你对每个投资组合不必恪守我给出的权重，可以留些现金或者更改组合中各基金的比例，从而改变投资组合的整体风险。对于投资的基金数量而言也是如此。1 万英镑的投资组合从中获利的基金不会超过 3～4 只。随着投资金额增加，你可以把它们分散到更多的基金上，以此降低某个基金经理的风险。例如对 20 万英镑中等风险的投资组合，我建议持有基金数目从 5 只增至 7 只，如图 6.6 所示。如果资金量更大，可以提高到 15～20 只，但即便你坐拥数百万英镑资金，也很少需要超过这个数目。

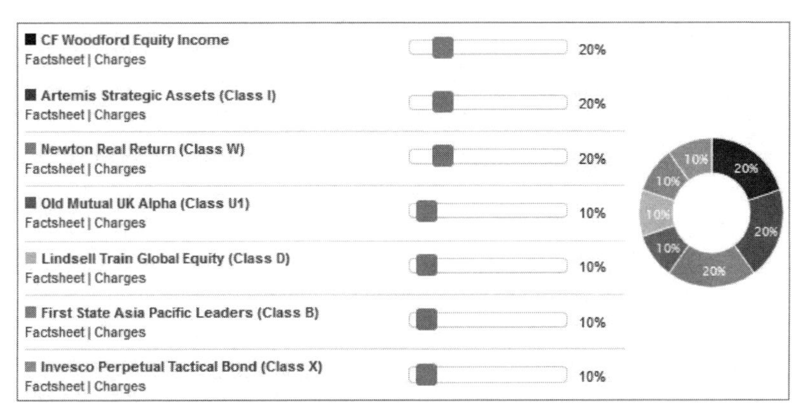

图 6.6　中等风险投资组合——适合投资规模较大的投资者

后期增持新基金必然会带来更多风险。例如，如果你希望中等风险组合表现更激进，那可以自行增加对远东和新兴市场的投资，或者将对英国市场的配置转向投资小公司或专注于某些特定行业的专业基金，比如金融、技术和医疗保健等领域；如果寻求更谨慎的表现，则可增加固定利息类投资，可将组合的 15%～20% 配置成债券，从而降低投资组合的波动率。

另外，你还需要考虑自身收入水平。如果公司债券收益率降至历史最低，那么最好保留更多现金头寸，或者将大部分钱转入银行和建筑协会账户。我再次强调这些投资组合模型只是辅助投资者开始投资。其他网站及投资平台上也有类似模型。它们最好作为构建组合的基础，然后根据你个人的风险承受能力进行增持或删减。

再平衡

有个重要问题需要你思考，即投资组合是否要定期再平衡。再平衡意指采取措施保证你的资产配置——即投资组合中各类资产或各类基金的构成不随时间而改变。例如，假设你想构建一个 60%投资股票、40%投资债券的投资组合。一年后股票上涨 20%，但债券基金只有 5%的收益，则投资组合中两类资产的相对权重也发生变化。

表 6.2 显示了权重变动。如表 6.2 所示，即便你没有任何操作，投资组合中股票占比也从 60%上升至 63.2%，这完全是两类资产业绩不同所致。如果没有再平衡，任投资组合自行发展，那么随着年限增长，你会离最初的投资目标越来越远（尽管在某些年份，股票和债券的业绩差距会发生逆转，修复该过程）。

表 6.2 资产配置随时间变化

起始年份				终止年份	
持仓	投资金额	权重	收益率	现值	权重
股票基金	6,000 英镑	60.00%	20.00%	7,200 英镑	63.20%
债券基金	4,000 英镑	40.00%	5.00%	4,200 英镑	36.80%
总计	10,000 英镑	100.00%		11,400 英镑	100.00%

问题在于对投资组合是该调回原先的目标权重，还是顺其自然呢？如果你决定进行再平衡，那需要变现部分股票持仓，并增加债券配置。案例中你要卖出足额的股票，将其减至总市值 11,400 英镑的 60%，最终投资组合有股票 6.840 英镑和债券 4,560 英镑。下一年你仍需重复该操作，如表 6.3 所示。

表 6.3 投资组合的再平衡方案

终止年份							
持仓	份额	市值	单位市值	目标市值	操作	持仓	权重
股票基金	6,000	7,200 英镑	1.20 英镑	6,840 英镑	卖出 300	5,700	60%
债券基金	4,000	4,200 英镑	1.05 英镑	4,560 英镑	买进 342	4,342	40%
总计	10,000	11,400 英镑		11,400 英镑		10,042	100%

任何时候都可以再平衡，但许多投资者通常是每年调整一次。再平衡的第一个优点是你能保证组合风险水平每年不变，随着时间的推移，这一点越来越重要。并且对相关基金和资产卖出业绩最好的，买入业绩不佳的。这听起来有些吃惊，但却是再平衡的第二个优点。因为高卖低买是不错的投资策略，但以我的经验，投资者往往反向操作。我记得有一次就某个投资组合和客户开评估会议，我还暗自庆幸该组合之前业绩不错，以为也会和他聊得很投机。但结果大相径庭。他指责我在投资组合持有的某些基金前期业绩不佳，希望我卖掉并换成先前业绩优异的基金。

我试着向他解释如果按他的建议来做，则估计要出差错，因为对平衡的投资组合来说，如果加入过往业绩好的基金，在市场不佳的时候会有损分散化的效果。2000 年 2 月互联网热潮处于高点，许多人嗅到了危机。但我记得有个客户打电话到我们办公室，坚持要求卖出他所有的股票收益型基金，换成当时流行的 TMT（科技、媒体和通信）基金。我们问他："你确定吗？"他回答说："我自己有严格的投资纪律，卖掉业绩不好的产品，买入业绩优异的。"当然，这项决定大错特错，仅仅几个月后 TMT 基金业绩犹如巨石陨落，股票收益型基金却业绩飙升，最终他损失惨重。

他加入那些业绩出色的基金，使投资组合有了倾向，失去了平衡。如果 2000 年年初对组合进行再平衡，就有可能挽救他的财富。其关键是遵循定期机械化的再平衡原则能避免你被情绪所左右。投资者往往很难卖掉那些收益很多的产品，因为害怕把钱过早落袋，但这通常却是正确的做法。因此再平衡从某种意义上说也是自我保护的方法。

当然这样做也有缺陷。每次你卖出基金，再买其他基金，都会增添交易费用，而且交易越多，成本越高。几年前这个问题更严重，因为当时许多基金仍提前收取 5%的申购费。我认为对资产或基金进行适度再平衡调整是明智的，但如果你经验丰富，这种调整则并非必要。那么是否应该把调整期固定在每年某个节日或某个纪念日呢？比如像每年的 1 月 1 日。我个人喜欢观察一下市场和经济整体情况再圈定日历上固定的调整日期，而且我觉得每年一调整可能也频繁了些。

随时关注投资组合状况显然有必要，但需注意持仓的重复性。15 年前，许多投资者购买了专业的科技基金，却没能意识到他们持有的其他基金在同样的领域也进行了大量投资。例如，一些欧洲股票基金在科技行业持股超过 50%。科技浪潮退去时，这些投资者相当于遭受了双重损失。

这说明虽然在投资组合中增持基金会有保护作用，但倘若持有 5 只同样的基金，就是浪费时间。例如持有股票收益基金，就有必要同时持有 Artemis 收益型基金和马尔堡多元收入型基金（Marlborough Multi Cap Income），因为它们投向股市不同的领域。但如果两只基金或多或少有些相同，那么这样做没有什么意义。债券基金也是如此：把高收益率的债券基金和投资级债券基金组合起来才有价值，而不能从同一类基金中选择。所以再次强调你必须了解基金背后的持仓。现在很多投资平台都有名为 X-射线的工具，它能帮你获取这些信息。

主题和行业

近年来全球化的出现意味着染指所有类型的基金会有困难。例如，像葛兰素史克（Glaxo）公司在英国上市，但主要利润却来自美国，那么哪个国家对结果更重要呢？再如石油行业的老大哥壳牌（Shell）公司，它全球化运作，以美元而非英镑报告股利。如果你想进行地域的分散化，那么该持有哪些股票？过去几年推出了大量新的行业基金和主题基金。这本质上无可厚非，但很容易导致你的投资组合在市场的某个领域上过度集中。

例如，如果你已持有重仓金融股的单位信托，就没有必要再买其他投资金融股的基金。在买入其他行业/主题基金前，应仔细衡量现有投资组合的成分。以我的经验，如果你买的某只专业基金，并且在两三年里业绩很好，就可以考虑出售了，因为鲜有某个主题或某个行业能一直获取超额收益。这也与我建议你多元化持仓的核心相违背，在该建议中，我认为优秀基金经理的产品即便偶有业绩不佳，但还是值得持有、值得支持的。

基金投资目标越明确、持仓标的风险越大，则该基金价格波动也越剧烈。近年来黄金和投资俄罗斯的基金就是两个例子。请看图 6.7 中的贝莱德黄金综合基金，该基金可能在所有投资黄金和矿业股票的专业基金里最负盛名。世纪之交后的 10 年里，该基金虽在 2008 年金融危机期间遭遇重挫，但整体业绩傲人。截至 2011 年 1 季度，持有该基金 6 年的投资者坐稳超 300%的收益。

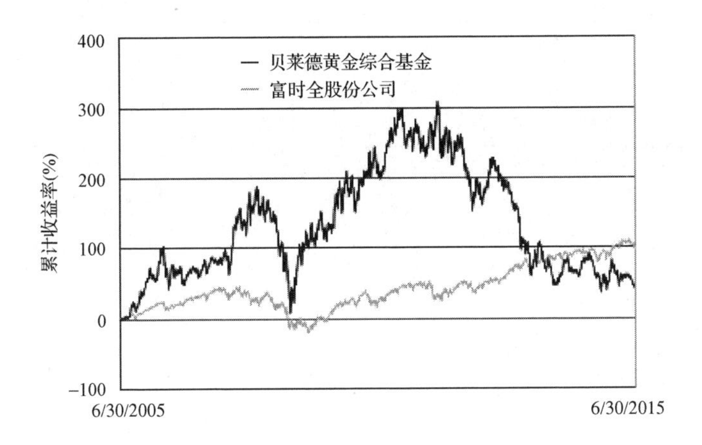

图 6.7　过山车般的业绩——贝莱德黄金综合基金

该基金的基金经理很有能力，但即便如此，在资源繁荣推动矿业股大涨了几年后开始反转的背景下，他也无法保持好业绩。在两年多的时间里，该基金的价值下跌超过 60%，再忠诚的投资者也手足无措，很多人早期积累的收益都遭受损失（我也是其中之一，当时我违背了自己投资中的一条黄金法则：当专业基金上涨时，至少要变现部分利润）。投资组合中持有该基金的人几乎回到了原点，况且该基金也没有因为他们的坚守奖励分红。像约克公爵[①]一样，在该基金上涨时一路挣钱但现在下跌时全赔了进去。投资俄罗斯的基金其投资者也是如此，基金加速赶顶后无情下跌，如图 6.8 所示。该图展示了 Neptune 俄罗斯基金过去 10 多年的业绩，该基金是少数只投资俄罗斯公司的专业基金之一，其运作模式和矿业基金一样，有时表现极好，有时很糟，个中原因并不难找。俄罗斯的股市对于它这样一个大国来说相对较小，而且俄罗斯经济本身主要以石油、天然气等资源类公司为主。比如俄罗斯天然气股份工业公司（Gazprom）是俄罗斯证券交易所里最大的公司，很难说它会有良好的公司治理模式，因为你无法相信它会把股东利益放在克里姆林宫之前。

① 译者注：约克公爵（Duke of York）是英国贵族的头衔，历史上曾有八次分封，但除第一次外，其他约克公爵都只有一代，受封人或继承王位或死后没有男性继承人，从而有“约克公爵诅咒”一说。

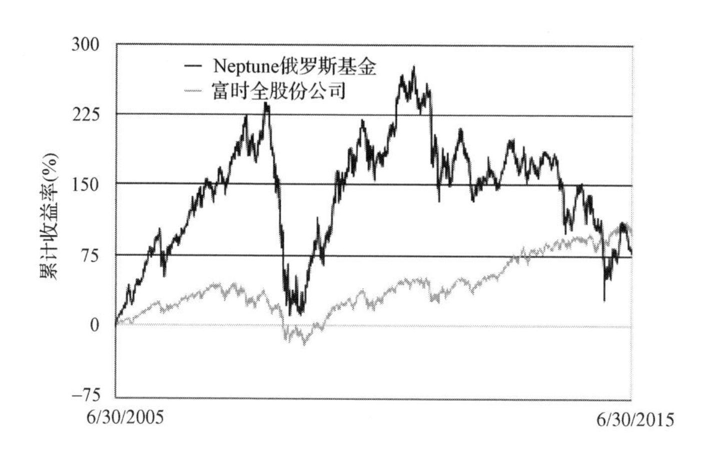

图 6.8　另一个上下震荡的经验——Neptune 俄罗斯基金

但是只要大宗商品依然最受投资者青睐，并且投资者能承受各种风险，那至少其业绩还能保持领先水准。不过 2011 年以来该趋势急剧反转。虽然到 2014 年年中，油价还保持在每桶 100 美元以上，但此前俄罗斯股市已开始下滑，这也很好地证明股市是未来前景的晴雨表。

我从中得到的教训是专业基金不需完全躲开，如果你看好某领域的发展趋势，那投入其中合情合理，只须保持好理性即可。如若该类基金业绩迅速蹿升，且速度远超整个市场，那么其大部分收益不可避免地会跌回去。更重要的是，它们越接近业绩巅峰，媒体和投资顾问们的关注也就越多，届时你会觉得天上在掉馅饼，但此时却是你要开始谨慎的信号。

如果你的某只基金一年内增长了 100%，或者三五年内增长了 200%以上，那我建议该考虑缩减其持仓了。不要担心资金闲置，可以存到银行或转投其他产品。正如沃伦·巴菲特所说："别人贪婪时我恐惧，别人恐惧时我贪婪。"DIY 投资者好像总认为，诸如黄金或者俄罗斯的资产变得非常昂贵时，该领域的专业基金的基金经理会开始减仓以获取现金，并伺机而动。但不幸的是，事实并非如此。基金经理们会声称他们只需在自己专业的领域内购买股票，其他方面无权过问（一些激愤的人会说他们是因为没有利益动机才袖手旁观——对此我不作评论）。所以如果投资顺利得让人难以置信，那就要赶紧把钱取出来。

要点记忆

- 投资组合由多只不同的基金构成。
- 当下风靡的基金风险往往最大。
- 投资的目标是要与风险匹配。你可以通过增持债券或现金来调整各投资组合的风险。
- 再平衡是将风险保持在恰当水平的有效方法。
- 增加某个领域的多只基金可以降低投资风险，但如果组合里其他基金也是如此，就无效了。
- 对于业绩迅速增长的专业基金，要考虑卖出。

第7章

我的投资之道

我的工作是帮别人理财，因此理应公开我的投资方法。很幸运我因为工作获得高薪，并且能进入“高精尖”的研究团队任职。但是如果你仔细看看我自己的理财之道，就会发现在理论上你也可以。如果本章有与前几章重复的内容，那是因为我总是习惯性地向别人阐述我的观点。

多年来我都充分利用 ISA 每年的额度，并通过我的 SIPP（个人退休金）减免税收。除这两个节税工具以外，我最重要的投资是持有一些风险资本信托，第 8 章将对此详述（它们有吸引力的原因也是具有税收优势，其分红免税，这正是我退休后非常重视的）。我给别人的建议：保持简单、坚持原则，从经验中学习，并迷途知返，这也正是自己在努力的。不要怕向其他有经验的投资者或可信赖的同事们请教，他们对你会很有帮助。我就经常会因买/卖基金向我的同事李・加德豪斯（Lee Gardhouse）请教。

一个重要的免责声明

有必要先声明，大多数投资建议无论其来自业内、媒体还是监管机构，最令人气愤的是它们均单纯地假设每个人都在简单地、直线般地生活，不受意外、突发事件及家庭或工作的打扰和冲击。但众所周知，现实生活从来都不是如此的。诚然如果只是为了谋生，那么工作的流动性就很低，生活也相对简单，但大多数人的职业和财务状况自始至终必然都在提升。

我 50 多岁了，很幸运能安心退休。虽然现在还不确定是否真要离开，但我打算在不久以后放慢生活。和投资行业中大多数职员一样，我乐在其中，一旦失去对市场发展的密切关注，我不知道自己该怎样才能开心起来。

但我远不是一帆风顺的。我说过 1987 年股市崩盘期间对我和我的家庭来说是非常艰难的时期。那时我 30 岁出头，收入急剧下降，快要负担不起生活了。由于在业内工作，除了付抵押贷款和日常开支外，我和妻子还很明智地向个人养老账户中存钱。但很快我就发现个人养老金的“226 计划”的费用高达天文数字，因此深受保险销售人员欢迎，他们可以通过储户支付的预付佣金大赚一笔。有时候他们的奖金多达你四年定期储蓄的金额！如果你在个人养老金中一次性投入 25,000 英镑，再经销售人员的支取，等到你开始投资前就已经损失了好几千英镑。

而 25 年下来他们实现提取的钱会更多（例如 1990 年投资股市的 5,000 英镑其价值是今天的 7 倍之多）。

换言之，它的机会成本巨大。当监管机构最终迫使寿险公司公示费用时，消费群体和议会多有阻力，最终挨家挨户推销的保险销售人员发现他们的好日子快要到头了。不要曲解我的意思，保险销售人员并不都是坏人，他们至少能让一些人存钱，但如果收费更合理，那么这些储蓄则能带来更大回报（你不用太担心这些人，他们中有很多人改头换面，开设了所谓的独立财务顾问公司。直到最近规则变更，他们都借着提供产品建议的幌子，极力推销对他们有利的产品，继续收取数以千计的销售佣金。并不是所有的财务顾问都是只会推销的穷人，但关键在于要一直诚实守信）。

20 世纪 90 年代初利率蹿升，因而每个人都在艰难时期。我在加入 Hargreaves Lansdown 几年后，才终于获得了足额的报酬，开始按一定比例定期存钱以为日后生活需求打下基础。几年来我把大部分收入都投入 SIPP 里。但不幸的是过去几年每年可投入的限额大幅减少，其中部分原因是政府担心人们利用养老金交款的税收优惠使他们损失大量税收。但是对于资质符合的人而言，SIPP 这类账户仍有价值，并且它们对我一直有所裨益。

ISA、SIPP 和其他账户的平衡

我充分利用 ISA 账户和养老金补贴，把自己的投资组合看成一只存钱罐。我为每个投资者买的基金大都类似。个人一直认为，好基金无论谁持有都同样有价值。不同之处是我还持有很多我们公司 Hargreaves Lansdown 的股票，因此我的 ISA 账户中股票占比比 SIPP 账户多。但由于基金是我的专长，所以我通常不会大量持有个股。

你可以翻到第 84 页看我 SIPP 账户中主要的投资清单，而 ISA 的重要持仓在第 92 页。可能在未来的几年里，两个账户投资组合的相似性会下降，因为我逐渐开始考虑从养老金中提取更多收益，而不再继续努力积累资本，等我退休时就这样做。

但这最终不由我决定，我和别人一样，由公司决定是否让我卸下重担去尽享清闲。所以我的目标是获取更多收益，小心翼翼地慢慢调整两个账户中持有的基

金组合。对即将退休的人来说，这是自然而然的事。但是只要你越年轻，就越能轻易平衡好收益和资本增值（但要记住，定期分红且分红上涨的基金在该段时期的总收益率也更高，所以即便你不看重这些基金支付的收益，它们也仍值得选择）。

灵活性很重要

需要清楚如何提前对基金做好灵活的规划。我说过持有股票收益型基金的优点，它们不仅普遍收益率较高，而且在想调整收益的时候，无须对现有的基金组合大动干戈，只需调整对定期分红的再投资即可。

至于是选择积累份额还是获取现金，我一般倾向于后者。主要原因是这总能让我获取一些新进资金，从而投向我当时最看好的领域：有时我会关注某只新发基金；或者我可能会觉得某个市场、某个行业在当时看起来很具有吸引力；再或者我可能只是单纯地想稍微调整一下投资组合。

在实践中，以我的经验，一旦市场突现意外抛售，则往往是新投资的最佳时机。若股市下跌 10%～15%，则通常因为大量坏消息所致，这可能会让你按有吸引力的价格获得看好的基金。近期一个恰当的例子是市场对欧元区前景产生恐慌。我估计在过去几年里欧元区的恐慌至少有四次让投资者纷纷避开，每一次我都会抛售一些持仓用以周转。

近期另一个恰当的例子是 2014 年 9 月和 10 月，当时市场大幅抛售基金，我却增持了两只最看好的，且都是我已持有的收入型基金，其中一只是我先前最看好的尼尔 • 伍德福德（Neil Woodford）的股票收益基金，另一只是我们 HL 公司的收入成长型基金（该基金投资许多我们研究团队看好的基金）。在几年前类似情况下，我可能不会投资这么多的收入型基金，而会把投入的资金分成不同的部分。另外，我买的另一只基金投资波动性更大的新兴市场，当时该基金业绩非常糟糕，但基金经理并未做出任何改变，而这只是市场情绪使然，所以我很乐意多买一些。[①]

我作为长期投资者，对自己看好的基金很有信心，因此我对市场短期走势的态度更为宽松，因为我知道随着时间的推移，情绪推动的市场其涨跌周期将变得

---

① 该基金先前的基金经理杰森 • 皮德科克（Jason Pidcock）后来离职转投别家基金，所以我将该基金回溯了一遍。

平稳。许多投资新手会发现在市场风暴中难以坐视不理。如果其他人都在抛售，那么你肯定该反其道行之，但你却会迫使自己随波逐流。其实，投资和别的事情别无二致。投资标的越便宜，你从中获取的价值就越高。但奇怪的是投资者似乎常常认为只有昂贵的东西才值得购买！为了提醒自己在市场下跌期间保持冷静，在我的办公桌上竖着一块牌子，上面写着："不要做什么，就呆在那里！"

我对专业基金的观点在过去几年里有所改变。我也是贝莱德黄金综合基金（BlackRock Gold & General）的受益人之一，该基金在 21 世纪前 10 年商品市场繁荣时市值飙升。但我也得承认在其价格开始下跌后，我还长时间持有它。现在我认为如果你发现某个专业领域的发展趋势，那么投入其中无可厚非，只要你保持对现实和自身的认知。如果你的某只基金在一年内涨幅达 100%或者在三五年里达 200%、甚至更多，那我建议你应该考虑减仓或清仓。

与主流大众的基金不同，对于这些专业基金你要坚持选择盈利的才明智，你才能从中能受益匪浅。不要担心把钱闲着，你可以存到银行或投向其他品种。我觉得自己作为投资者，最大错误就是在专业基金高点时赚得盆满钵满，却没有在下跌时及时卖出。除非你有信心在它们接近巅峰时自律性地卖出，否则你最好还是避开这类基金。

我持有的基金

我的 SIPP 账户和 ISA 账户（2015 年 6 月 30 日）主要持仓基金依次如下。[①]

- HL 多管理人成长收益基金（HL Growth and Income ）。
- 达尔文休闲地产基金（Darwin Leisure）。
- 伍德福德股票收益型基金（Woodford Equity Income）。
- 马尔堡超小盘和微盘股基金（Marlborough Micro-Cap and Nano-Cap）。
- 伦敦皇家英国高收益债券基金（Royal London Sterling Extra Yield）。
- Artemis 战略资产基金（Artemis Strategic Assets）。

① 请注意，我在第 8 章会详尽阐述对风险资本信托及个股的看法。它们在我的投资组合中占了很大一部分，但本章不会提及。

- RIT 资本合伙人信托（RIT Capital Partners）。
- Lindsell Train 全球股票基金（Lindsell Train Global Equity）。

我规定任何一只基金的持仓都不能超过 10%。几年前我的 SIPP 账户满仓投资，但最近我逐渐增持现金，在一定程度上是因为近期立法变化改变了我们这些人的游戏规则，也促使我重新审视了自己的养老金计划。

这些基金共计占我整个 SIPP 账户市值的一半以上，而现金及现金等价物约占 30%。其中马尔堡公司（Marlborough）的两只基金都由 Hargreave Hale 投资公司的吉尔斯·哈格里夫（Giles Hargreave）和其团队管理。虽然两者目标不同，但在我心中一并将它们作为在小型公司里最大的投资。而 30%的现金持仓在我投资历史上已非常之高。

以下是我对各基金简要的看法。其中很重要的一点是，尽管我很少对个人的投资组合做重大改动，但并不保证你在阅读本书时，我还持有这些基金。这些基金适合我，但并不保证它们也最适合你。我将努力阐述持有这些基金背后的思考。

HL 多管理人成长收益基金（HL Multi-Manager Growth and Income）

我的日常工作围绕基金分析展开，你可能会好奇为什么我们的投资组合没有为客户推荐更多的基金，其实是有的。我的同事李·加德豪斯（Lee Gardhouse）领导的多基金经理团队就负责将我们看好的基金打包成各种多元化的多管理人基金。这类产品主要针对那些出于某种原因不想自己对基金做必要研究的客户。去年我们增加了和英国成长型、欧洲、亚洲及新兴市场相关的多管理人基金，目前共计有 7 只不同的产品。

目前在我 SIPP 账户中持仓最重的就是成长收益型基金，它是我们 2002 年推出的第一批多管理人基金之一，且至今仍然规模最大、最受欢迎。我从一开始就定期投资它。这是一个怎样的产品呢？它投向我们能找到的最好的股票收益型基金，鉴于我长期偏爱这类产品，所以对此你并不会惊讶。该投资组合中的某一两只基金，比如伍德福德（Woodford）股票收益型基金我自己也直接持有，但其他许多基金则不是。该多管理人基金共计持有 11 只基金，囊括了 Artemis、Threadneedle、Jupiter、Liontrust 和首域（First State）等公司的股票收益型产品。它的历史分红率约为 3.75%，但在过去 5 年其市值已累计增长约 80%。

达尔文休闲地产基金（Darwin Leisure）

人们总是惊讶地发现这只名不见经传的基金在我的持仓中仅次于第一重仓。而当他们明白该基金的具体投资时则更加吃惊，因为它投资于一堆房车公园（caravan park）。试问还有比这更粗鄙、更非主流的投资吗？但说实话，即使在10年前我刚购买它的时候，也从未想到它业绩会非常之好。从那时起，它一直让我感到骄傲。

该基金实际上是一种家族信托。它所做的、也即与众不同的地方就是购买、管理和改善他们的房车公园。大多数房车公园都改进不佳，老板们只顾拿钱，很少会通过投资把它们建成更具吸引力的地方。我一路走下来发现他们的投资确实带来了不同。比起我们大多数人印象中的房车公园，他们的公园更像是小木屋，这反而吸引了更多高档的访客。如果你喜欢，那么它更像是一个度假村，而不是一片露营地。

这已成为一项美妙的行当，该基金的真正的意义也在于此。它的分红率约为6.5%，目前他们已完成了大规模再投资计划，更多资金将流入投资者手中。我不认为它们不受经济周期影响，但尽管如此，在2008年，他们的业务没见有任何下降。其实即便人们收入受损，负担不起出国旅游的费用，也还是会找个怡人的地方呆着，因此他们收入大增。自我第一次购买该基金以来，它每年复合收益率大约为10%，而且至少在过去10年，我一直在不断地增持。

你应该发现该基金与我持有的其他基金不同，它不受监管，因此不管投资者遇到任何风险，获得的保护都较少。由于其自身的专业特性，该基金已临时向新的投资者关闭了一段时间。你无法在任何主流的投资平台上找到它，因此我建议你就不要浪费时间找了。

伦敦皇家英镑额外收益基金（Royal London Sterling Extra Yield）

过去几年的债券市场有些异常。在金融危机后，收益率急剧下降，但从那时起，尽管大多数专家都预期收益率会随经济复苏开始上升（这通常发生在金融危机之后），但却还是在继续下降。所以业内人士都认为它目前处于最低水平。现在你把钱借给政府，借出去10年却只有2%的收益。同时从历史上看，如今把钱借给别人肆意挥霍获得的回报极其微薄！

债券收益率保持如此之低有几个原因。一个原因是通货膨胀率持续下降：消费者物价指数（CPI）从几年前的5%下降到如今不足1%；另一个原因是各国政府及中央银行有意采取措施尽可能压低利率。英国央行借助量化宽松政策向银行体系注入 3,570 亿英镑的新资金，以保持经济增长。为此它购买了价值数十亿英镑的政府债券。美国、日本也如出一辙。

该现象有利的一面是，较低的债券收益率和中央银行史无前例的购买量意味着政府债券价格持续上涨（收益率下降，债券价格上涨[①]，反之亦然），进而有助于其他各类固定收益投资上涨，因为它们历来参照政府债券定价。公司债券作为公司发行的债务也在其中。

伦敦皇家基金是我投资债券市场的主要产品，几年来我对债券前景相当乐观。尽管从历史角度看债券估值会上涨，但我认为收益率在一段时间内不会快速上升，因为现在不是正常的利率周期。那么多的债务悬在经济之上，政府会竭尽所能维持低廉的借贷成本。即便债券价格很高，但持有的风险却降低了。

我承认我也讶异于债券价格的上涨幅度。伦敦皇家基金在债券产品中风险较高，因为它主要投资高收益率的公司债券，而不仅限于最高信用评级的债券。金融危机期间该基金遭受了巨大损失，在其价值至少跌去 40%的时候我开始投入资金。该基金收益率一度超过 10%，从那时起它已经在高收益率债券上（业内曾委婉地称这些债券为垃圾债券，但它们却是常被低估的资产）获利不菲。按收入再投资的方法计算，该基金的价值在过去 5 年里上涨超过 150%，这不是一般债券基金能想象的业绩。如果你关注收益，那么该基金免税付息收益约 6%，同时在过去的几年里该基金客观的资本利得一直处于较高水平。

尽管很多专家一直担心利率飙升影响债券价值，但我不相信利率会在一段时间内上涨太多（如果上涨的话）。金融危机需要很长时间才能自我修复。在 2008 年银行泡沫破裂后，目前我们可能才走到经济复苏的半程。只要债券市场还远没到大规模抛售的阶段，即便它的收益率无法与过去的 20 年里相比，我就都会继续投资些债券作为保护性资产。如果哪天债券出现大量卖出，价格过度下跌，我就会选择买入。

马尔堡小盘股基金（Marlborough small-cap funds）

吉尔斯·哈格里夫（Giles Hargreave）是近 20 年来英国最出色的小盘股基金经理之一。近年来，经我们的帮助，他扩大了基金投资范围，现在他的基金涵盖

---

① 译者注：原文误为收益率下降，债券价格下跌。

资本市场各个方面。投资新手们会好奇一些所谓的小盘股公司规模有多大。比如受诸多投资者追捧的著名威严葡萄酒（Majestic Wine）公司其股票市值超过 2.5 亿英镑；而一些真正的“小鱼”其股票市值还不到 500 万英镑，但两者都符合小盘股投资的资质。

对这两类公司的投资显然有很大不同。一个非常小的公司可能充满活力、富有企业家精神，并朝着未来家喻户晓的品牌前进，比如威严葡萄酒（Majestic Wine）。但它也可能只是一家挣扎在生存线上的初创公司，且最终荡然无存。所以你需要大量的专业知识和经验来区分两者的优劣。这正是吉尔斯和其他成功的小盘股基金经理，如耆卫公司（Old Mutual）的丹•尼科尔（Dan Nickol）和标准人寿（Standard Life）的哈利•尼莫（Harry Nimmo）一直展现出来的能力。

世纪之交以来小盘股确实迎来了黄金时代。学术研究表明，小公司股票风险比大公司高，且流动性更低，因此随着时间的推移其股价表现更好。2000 年以来，它们夺目的超额收益让我非常高兴，所以我一直保持对该领域的投资。

小盘股有个特点是许多小公司会从现金流里大量分红，且分红金额不断提高。该领域的投资回报颇丰，吉尔斯已经做得非常成功。他所有基金的投资非常分散化，持股超过 100 只，并且表现出很高的技术水平，即在正确时点卖出并获利了结（让我很羡慕）。他的基金很少对某家公司持有 3%以上，从而避免因某项投资爆发问题拖累整个组合的风险。

Artemis 战略资产基金（Artemis Strategic Assets）

Artemis 战略资产基金采用“无所不用”的方法，灵活投资于股票、债券、现金、商品和外汇，同时还使用衍生品工具做空某类资产，这能增加收益但也增加风险。从而该基金不同于我持有的其他大多数基金。这只基金由威廉•利特伍德（William Littlewood）管理，他在 20 世纪 90 年代管理 Jupiter 收入型基金时一举成名。

该基金有两个目标：超越富时综合指数及三年期存款收益率。尽管它设立在 IMA 集团[①]的灵活投资部门，但我倾向于将它看作追求总回报的基金，即旨在各种市场条件下业绩都良好。自 2009 年 5 月成立以来，该基金表现优于现金，但落后于富时综合指数。迄今为止，主要拖累业绩的是利特伍德的债券投资，他大举

① 译者注：全称 Isle of Man Assurance Limited，是英国历史悠久的金融服务机构之一。

押注债券收益率会大幅上涨。

该基金意图在从日本、英国、意大利和美国（在较小程度上）的政府债券下跌中获利。正如前文所说，近年来这些债券表现较好，因此基金损失严重。如果不考虑债券做空的头寸，该基金发行以来的业绩与富时综合指数大致相当。利特伍德并不改变政府债券价格被人为推高的观点，其中日本政府债券尤其如此，这在一定程度上是由量化宽松导致的。

虽然他无法准确预计具体时间，但仍认为债券价格会下跌，并愿意维持这些头寸。其投资组合的其他方面也反映了他量化宽松扭曲金融市场、全球债务量不可持续增长的观点。他持有的外汇头寸目前偏向亚洲国家，这些国家不像西方国家有债务过多的问题。相比之下，利特伍德认为欧元、日元和英镑将走弱，并且他的基金已从这些货币的贬值中获益。

最后该基金约十分之一的仓位投资大宗商品，且以贵金属为主。其中黄金是最重要的投资，占比超 7%。自金价从 2011 年 9 月近 1,900 美元的高点下跌以来，该基金一直增持黄金。黄金被认为是一种价值存储的手段，其价值因无法复制生产而贬值，也不能再造出更多。持有黄金在一定程度上是为了分散投资组合，抵御全球债务过多和股市波动的相关风险。

虽然我对该基金的业绩有点失望，但考虑到它不同于我持有的其他基金，因此我乐于坚定持有。这只多元化、多资产的基金其优势是投资组合中不同资产在不同时期里表现良好。自该基金推出以来，在股市下跌时能保护好价值，但在市场强劲上涨时它的业绩会滞后。这使得它成为市场艰难时潜在的资本避难所，所以它适合作为一个更具防御性的投资组合，或者像我一样，在比较激进的养老金投资中拿它充当压箱底的角色。它所做的和其他基金不同，我认为：所有持仓如果都是同一个路数则很不明智。

伍德福德股票收益型基金（Woodford Equity Income）

我认为尼尔•伍德福德（Neil Woodford）是英国目前最优秀的基金经理。在过去的 25 年里他一直投资那些不受关注但盈利强劲、现金流充裕的公司。他坚持己见，信心十足地押注看好的公司和行业，因此他能从平庸的基金经理中脱颖而出，而对他不看好的领域，比如近年来的银行和大型石油公司，他则完全回避。

我投资尼尔的基金已近 20 年，且从未后悔过。2014 年，他离开工作了 25 年的景顺基金（Invesco Perpetual），开创自己的基金管理公司，在当时是一条大新闻。他的第一只伍德福德股票收益型基金（Woodford Equity Income fund）于2014年6月推出；第二只投资信托于2015年推出，该信托主要投资一系列专注于科学技术领域的上市及未上市的初创企业。

尼尔在景顺基金管理的两大收益型基金多年来非常成功，在他离职时总规模超过了330亿英镑。这说明他要关注的事情比英国任何其他股票基金经理[①]多得多，但在某种程度上令人惊讶的是他的业绩从未受影响，这不同于业内大多数基金因其规模过大而难以管理的传统。

虽然我曾持有尼尔在景顺的一只基金，但我很乐意将它全部转成尼尔自己的第一只新基金，即伍德福德股票收益型基金。我看好尼尔的投资方法，他不会痴迷于短期表现，也不会频繁地更改投资，长期以来这两种苦痛是大部分基金令人失望且无法战胜相关基准的原因。

近年来，医疗保健和制药行业是尼尔最积极看好的领域之一。在撰写本文时，他的投资组合中约三分之一投向该领域，其中有阿斯利康（AstraZeneca）和葛兰素史克（GlaxoSmithKline）这样的大公司。持有这类公司是因为它们能支付可观的红利，并有研制新药的能力，这将提高未来的利润。他还多年大举投资烟草行业。帝国烟草（Imperial Tobacco）和英美烟草（British American）都在他的十大投资之中。该基金的收益率约为4%。

虽然该基金大部分投资大公司，但尼尔也持有一些需要资金获得成长的小公司，这表示他长期投资的承诺。他对大学实验室里诞生的药物和技术服务特别感兴趣。这些公司是他2015年推出的第二只基金，即伍德福德医药资本投资信托（Woodford Patient Capital investment trust）的主要关注点。

RIT资本合伙人信托（RIT Capital Partners）

RIT资本合伙人信托是一只投资信托，不是开放式基金。它没有对应的单位信托和OEIC（公司型开放式投资基金）。RIT公司是由罗斯柴尔德（Rothschild）勋爵（当时还叫雅各布•罗斯柴尔德）于1988年离开著名家族企业后创建的，它是同期所有投资信托中业绩最好的一个。该信托属于多资产投资，管理方式谨慎

① M&G管理固定收益基金的理查德•伍尔诺（Richard Woolnough），目前管理客户资金的规模达350亿英镑。

且相对保守，你可以从中获得罗斯柴尔德的财富、智慧和经验。

该投资组合包括上市、非上市及其他类型的资产，由专业分析师和基金经理关注各自不同的部分，但罗斯柴尔德本人则积极监管整个组合的平衡性。作为投资信托，其价格并不总与资产净值一致。事实上该产品通常以小幅溢价交易，但如果你有耐心，可能会很幸运地在它偶尔折价时买入（在 2014 年折价 10%的时候我进行了增持）。该产品的分红率约为 2%，所以它主要是一只资本增值型基金。

我将其视为核心持仓，因为它既能长期增值，在市场低迷期间又有一定的抵御作用。我持有的投资信托不多，但如果它们有开放式基金无法轻易复制的作用时就尤为有价值。这类产品也特别适合那些资产流动性相对较低的战略投资者。房地产信托是个很好的例子，RIT 的信托则是另一例。

Lindsell Train 全球股票基金（Lindsell Train Global Equity）

Lindsell Train 全球股票基金由尼克·特雷恩（Nick Train）和迈克尔·林德赛尔（Michael Lindsell）共同管理，该基金集中度很高，我们公司对其采用双基金经理管理评价很高。他们二人投资方法独到，长期以来能获取超额收益。我相信尼克·特雷恩和迈克尔·林德赛尔都是优秀的选股专家，因此持有该基金是收获其出色投资理念的最佳方式。他们的公司（他们不断增持公司大部分股份）也独立管理英国和日本的基金，虽然其持仓多有重复。

我的分析表明，选股能力是他们获取收益的主要驱动因素。全球股票基金于 2011 年推出，其业绩得益于对消费行业的配置，该行业是近年来表现最好的行业之一。基金经理作为价值投资者，投资方法相对保守，因此往往在市场下跌时会有效果。从历史上看，艰难的市场环境一直都是他们获取价值的发源地。

我认可他们的方法，因为他们致力于把客户的钱视为自己的资产来管理。他们还采取了长期的、低换手率的投资策略，以我的经验表明这是他们业绩持续强劲的关键之一。他们特别青睐品牌优秀、有特许经营权和市场地位独一无二的公司，这些公司能长期带给投资者丰厚回报。这基本上和美国传奇投资家沃伦·巴菲特所推崇的方法相一致。

该基金挑选那些融资保守、资本回报率高而稳定、营业利润率高于平均水平的公司。在 MSCI 世界指数的 1,700 家公司中，只有 180 家符合这一优秀公司的标准，且大多属于消费、资产管理、食品包装和金融等行业。尼克喜欢说：在 300

年里，人们可能还在喝喜力啤酒（Heineken），因此这是他最看好的公司之一。这不同于你谈论的 Facebook 和所有相对新潮的科技公司。该基金本身高度集中，持有 25～30 只股票，其中三分之一来自日本。

我的 ISA 账户的投资

在我的 ISA 账户中，我最重的持仓是 Hargreaves Lansdown 的股票，约占 40%，其次是伍德福德医药资本投资信托（Woodford Patient Capital investment trust）和两只马尔堡公司（Marlborough）的小盘股基金，再次是 M&G 最优收益基金（M&G Optimal Income）和 Newton 亚洲收益基金，以及 Provident Financial[①]的股票。HL 的股票通过公司扣存计划（save-as-you-earn）逐渐增持，现已成型。这里强调两点：（1）定期储蓄有价值，尤其像扣存计划，它让你以有吸引力的价格积累公司股票，并且在现实中鲜有风险；（2）在过去几年里通过 ISA 账户保护资本利得，收益也着实有效。如果我在 ISA 账户之外持有 HL 股票，那么我在出售时将面临价值不菲的资本利得税。

很多人觉得扣存计划额度太小，因此无视它每年的津贴。但正如上例所示，它却实现巨大的累积作用，尤其是在股价上涨时候。那么我是否对一家公司的投资过于集中了呢？在理论上确实如此，但出现该情况是因为我对它非常了解。

除 HL 的股票外，第二大持仓的伍德福德医药资本投资信托（Woodford Patient Capital investment trust）在推出时我就买入了。尼尔•伍德福德是我相识 20 多年的基金经理，他的股票收益型基金是我 SIPP 中的第一大持仓。他一向对那些默默无闻、需要融资及长期资本注入的初创公司有极大的热情。该领域鲜有基金经理参与。这只基金没有分红义务，并不符合我获取收益的偏好。但我希望从中获取可观的长期资本利得。其他重要的持仓，比如马尔堡小盘股基金（Marlborough small-cap）和 Newton 亚洲收益基金也在我的 SIPP 账户中持有，我唯独要强调一下 M&G 最优收益基金。该基金是颇受欢迎的战略债券基金，基金经理理查德•伍尔诺（Richard Woolnough）重视利率、汇率和债券收益率的走势。

---

① 译者注：Provident Financial 为英国一家金融服务提供商。

投资组合的近期变化

很重要的一点是不要让过多的交易成本拖累投资组合。我的投资哲学是在任何情况下都购买并长期持有大部分基金。虽然我持有的一些基金在某段时期的表现令人失望，但我认为只要你找到了最优秀的基金经理，那么未来获得的收益一定比短期的损失多，所以我能对调仓保持理性。另外，坚定持有基金也降低了费用和交易成本对基金的影响。

当然，我这个最小变动的原则也有例外。当尼尔·伍德福德这样的基金经理离职时，我会果断转成他在新公司的产品，虽然这类离职事件并不经常发生。在其他情况下，我需要关注个别基金经理的状态和工作激情，这也是将其管理的基金踢出投资组合的原因。虽然管理基金的待遇很高，但工作要求也很高，应对的压力可能也很大。

问题的关键在于基金经理是否还有兴趣积极参与其中，以及是否会沦为自我成功的牺牲品，开始迷信自己像宣传材料上说的那样优秀。在过去几年里我有几次因为这些理由清仓了某只基金，但总体而言这类情况比较罕见，实际上一开始你就要做足功课。

如前文所说，我更倾向于慢慢改变 SIPP 和 ISA 账户中持有的基金，通常是用现有持仓获得的收益来投资其他基金，这些基金是当时我认为具有潜力的或者和我变动的投资目标更为契合。所以现在当我考虑有必要为退休生活获取收益时，便一直增持 HL 多管理收益成长型信托。同时在马尔堡超小盘股收益型基金（Marlborough Multi-Cap Income）业绩出现短期下滑后，继续增持了一部分。另外，吉尔斯·哈格里夫（Giles Hargreave）的马尔堡微小盘股成长型基金（Marlborough Nano-Cap Growth）在推出时我就投资了。

关注投资组合

那么需要花多少时间来审查投资组合并评估业绩呢？这个问题问得好。我个人不会用大量时间详细分析投资组合的绩效，一方面是因为我每天都投身在业务之中，密切关注着市场走势，我的团队也定期给我推荐表现优异的基金，因此我不用精确地算也能大概了解业绩情况。这其实非常容易，我清楚几年来自己在 ISA 和 SIPP 中投入的资金量，所以只要看看每个投资组合的总市值，再扣除投入的金额，心算一下就可以粗略得出业绩了。

另一方面是因为我的定期投资相对成熟，投资组合分散化较好，我并不奢望每年的收益惊人，我的主要目标是能在将来获取收益，而不是博取资本增值的光环，当然如果有增值我也会很高兴。我说过我很遗憾没能对黄金基金等这类专业基金兑现所取得的收益，不过现在我不会再花太多时间去寻找这类产品。随着年龄的增长，我越来越厌恶风险。

我不会花太多时间思考理想中的资产配置是怎样的，总之一旦你决定了资产配置的大致框架，就无须再花大量时间修改。现在很多优秀的网站都能帮你深入挖掘你的资产、分析持仓以及你的操作表现。我当然不会反对你偶尔这样做，但我怀疑花了时间又能增加多少额外的价值。况且其间还有风险，即信息太多会让你迷失，从而无法做出任何决策。

如果对整体投资组合还算满意，我就会把更多的精力放在已经持有的基金上，看看它们的运作是否与承诺一致。如果一致，我就没必要调整，除非大部分资产出现权重失调。那又该如何处理它们带来的收益呢？对于新的投资机会是不是就眼睁睁错过呢？答案确实如此，诱人的新机会会一直存在，但我提醒你如果对持有的资产满意，就不必鲁莽行事。

我自己偏向坚持的基金，其基金经理经验丰富、历经多轮经济市场周期都能拿得出业绩。因此我很少投资基金经理业绩不足 10 年的基金（尽管其职业生涯不止一家公司）。尽管今天初出茅庐的基金经理可能成为明日之星，但以我的经验，等到他们证明了自己再进行投资犹未迟也。重要的是你能清楚他们在怎样努力，从而坚信他或她是你需要的合适人选。

我不会用太多时间把基金的持仓按地域分类。现在公司在哪里上市并不重要。许多在英国上市的公司都是跨国企业，收入来自全球各地，英国的业务只占很小一部分，比如壳牌和葛兰素。所以从富时 100 指数中选股的基金实际上并不只在英国投资。（一个更极端的例子是在衡量美股市场的标准普尔 500 指数中，有家公司在美国当地根本没有任何业务！）

诚然，在英国股市中规模排名越靠后的公司越倾向于以本土为中心，对此要心中有数。幸运的是，该层次上有很多非常优秀的英国公司。但我们最近的分析显示在全球所有主要市场指数中，英国市场指数与世界指数关联最密切。换言之，你只要持有英国的基金，可能获取与市值指数大致相当的收益，至少长期看来是如此的。[①]同样，现在很多全球大型股票市场之间相关性较强，某个市场遭受损失则其他市场一般也会如此。

全球债券市场也是这样。近年来包括美国、英国、欧洲和日本等所有发达国家的市场都趋于一致，即收益率下降，价格上涨。如果要我对自己的投资组合提出不足的话，那就是在过去几年里没有充分投资固定利率市场，当时几乎所有类型的债券，包括政府债、公司债和垃圾债的表现都异常出色。

在过去几年里，我并不看衰债券市场，和大多数评论人士相比我的担忧不大，即便利率开始上涨，我估计也不会涨得很快、很高。不过尽管债券业绩很好，但我在股票市场上的投资做得更好。也许哪天债券更具有吸引力了，我会增持债券，但现阶段我不会屏息以待。

回顾投资组合进展时需要遍览它的方方面面，如此的重要性怎么强调都不为过。许多投资者到处撒钱，这里投资一点、那里投资一点，这里买点股票、那里买一两只基金，从而使得投资业绩难以跟踪。在填写纳税申报或者需要日常决策时还会带来许多额外的工作和麻烦。如果你能把大部分或整个资产整合到某个平台上，那么更容易监控持仓，如此一来你就可以轻松地关注投资的进展。一个好的平台还能为你提供所有交易的完整记录，并为你的纳税单提供统一的税务证书。

我卖掉的基金

我很少出售长期持有的基金。一旦你认定找到真正天赋异禀的基金经理，就没理由抛弃他们。我的基金一般会持有好几年。当我要卖掉它们时，往往不是因为想持有其他组合，也不是对基金的特点或基金经理的能力改变看法，而是不得不和先前优秀的基金说再见，例如基金经理跳槽或者退休。以下是我近期卖掉的两个基金。

耆卫英国动态基金（Old Mutual UK Dynamic）

耆卫英国动态基金长期以来是我的最爱。耆卫公司历来专注中小盘股票（尽

① 在过去几年中情况并非如此，当时英国市场的表现往往落后世界指数。原因之一是该指数由美国股市支配，自金融危机以来，美股表现比其他大多数股票市场要好得多。

管两年前它们从施罗德（Schroders）招来了优秀的大盘股投资专家理查德·巴克斯顿（Richard Buxton）以此扩大投资范围）。我一直认为耆卫的投资团队应该管理更多的资金。我们公司从最开始就很支持他们。该基金由青年才俊卢克·克尔（Luke Kerr）掌舵。

耆卫的中小公司研究团队以优秀的研究及选股能力闻名。卢克·克尔（Luke Kerr）现在管理的英国动态基金凝聚了整个团队的智慧。卢克对各个规模的公司都有涉猎：在对经济前景保持谨慎时，会偏向增加大公司的投资敞口；在市场信心增长时，通常增持风险较高的中小公司。他的投资组合约有 80 只股票。我相信该基金的表现会很好，卢克将来也能更出色。但现今我开始在投资组合中买入收益型产品，因此该基金不再符合我的需求，所以就清仓了。

施罗德英国绝对收益动态基金（Schroder Absolute UK Dynamic）

施罗德英国绝对收益动态基金（Schroder Absolute UK Dynamic）顾名思义正是绝对收益型产品，与 Artemis 战略资产基金类似，旨在各类市场上做好业绩。多年来我拿它做压箱底的资产，它对我持有的一些更激进的纯股票基金有平衡作用，并且在市场下跌时能有所保护，避免损失太多。该基金由经验丰富的小盘股专家保罗·马里奇（Paul Marriage）管理，他还管理另一只更为传统的小盘股基金。几年前他所在的嘉诚基金（Cazenove）被施罗德（Schroder）收购，从而该基金冠名为施罗德（Schroder）。

该基金主要关注中小公司，比其他绝对收益型基金更为激进，所以保罗（Paul）能够接受短期适度的亏损以保证各时期内整体的正收益。通常在其投资组合中对特别看好的公司持有 60%左右，其余用以做空他认为相对较差的公司，对采用类似策略的基金，业内称之为多头-空头基金。

与一开始就令人失望的多数绝对收益基金不同，该基金历史业绩不错（其根本原因可能是他们的目标很难达到）。该基金对新投资者已经关闭了一段时间。但是和清仓耆卫基金的理由一样，我更关注获取新的收益，所以我的投资组合里不再有它。

要点记忆

- 应该把你的 SIPP、ISA 账户持仓和其他持仓统一看成一个大的投资组合。

- 养老基金其实只是另一只投资基金。
- 临近退休时可能对收益需求更多，因此收益型基金及股票收益型产品是有用且灵活的选择。
- 任何一只基金的持有额度都要设置上限。
- 不要频繁决策，尽量保持简单。
- 如果你找到某位优秀的基金经理，最好把大部分钱都投给他/她。
- 要保证理解基金的投资哲学并确信它符合你的目标，这样就不会对它的表现感到惊诧了。

第 8 章

其他投资方法

被动投资

所谓被动投资是以指数基金和交易所交易基金（称为 ETF）为投资形式，它们近年来无疑变得更加流行。如今我们定期会在 Hargreaves Lansdown 网站发布指数基金和 ETF 的研究报告（两者关键的区别是前者只能通过发售的公司每天买卖一次，后者则可以像股票一样在股市交易时段进行买卖），网站流量显示它们确实受欢迎。在过去的 20 年里，被动基金覆盖的市场及行业大幅增长，如果没有其他的选择，它们都是不错的投资品种。

虽然我自己没持有被动基金，但我绝不认为要摒弃它们。对于想涉猎英国及全球股市的投资新手来说，选择宽基指数基金是不错的开始。除非你有信心能选好主动管理型基金，否则购买普通的跟踪基金则最为简单有效。如果购买指数或跟踪基金，首要目标是找到合适的指数，比如富时 100 及综合指数。接下来要确保该基金按它所承诺的在运作，即尽可能地跟踪其基准指数。令人诧异的是并非所有人都能做好这项工作。它能让你明白基金所谓的“跟踪误差”这一重要指标（跟踪误差按百分比计算，你需要找跟踪误差小于 0.25%的基金）。通常跟踪全球规模最大、流动性最强的股票市场的指数基金表现最佳。[①]

假设基金的跟踪效果不错，那就要挑选费用最低的基金，这和买其他商品一样，也是跟踪基金的本质。通常成本是决定跟踪基金业绩的最大因素。我们推荐的一些核心的英国跟踪基金其持续费率不到年化 1%，因为 HL 的购买力可以谈到极具吸引力的价格。跟踪海外大型市场的主要指数基金，比如美国标普 500 指数或者日本的日经指数、东证指数，其费用往往较高，但仍相当有竞争力。

要注意所跟踪的指数越稀奇，费用就越高，难度也越大，这些费用会影响业绩。因为费用越高，对其所要复制的股市业绩就越难匹配好。20 世纪 90 年代末英国推出了一些最早的跟踪基金，它们每年收费高达 1%，甚至更多。只要你会算数，就知道 10 年里即便该基金完美跟踪了指数，但费用累计起来会使其比基准低 15%！这些钱直接由你买单，但所获收益却与曾被许诺的、与市场匹配的收益相去甚远。

---

① 原因是指数基金经理复制大型知名公司指数的股票更容易，这些公司的股票每天都被大量交易，而小型公司的股票每天成交量较少，流动性欠缺。

跟踪基金可以通过出借股票的方法抵消费用导致的不利影响，即基金通过交易所向第三方融出股票以换取相应费用。这能获取有利收益，且有助于减小跟踪误差，但也带来一些额外风险。如果投资者看重较低费用并且能看清并管理好风险，那我就推荐持有能借出股票的基金，但你需要明确它是否能借出股票。

选择跟踪基金的问题在于它们能否有效获取比业内基金平均水平更高的收益。如果大多主动管理的基金表现不及基准，那么按跟踪基金的定义，能复制好指数的业绩，可在业绩排名中能居于前 1/2。这对担心亏损的人来说极为重要。如果把基金的业绩想象成是踢足球，那么最有效的跟踪基金不是英超球队，而是一直位列欧冠的球队，它们表现很好、也很稳健，但终究只是二流球队，达不到一流水准。

可问题是既然能找到最优秀的基金，那为什么还要选择次优的呢？如果你和我一样相信深入研究和多年经验能帮你找到业内最好的基金，那么显而易见该挑选主动基金。主动管理型基金在某些市场上的表现要比其他市场好，但美国市场已经证实主动型基金经理很难战胜高难度的市场，而跟踪基金唯一的根本优势是它避开了基金经理特有的风险。对那些不想自己研究或者没有能力评估基金经理风险的投资者来说，这类基金是非常合适的选择。它们的运行成本更低，并且至少你能清楚其支出——而所谓的主动管理型基金却从来不是这样的。

需要指出，并非所有 ETF 都像我描述的普通指数跟踪基金那样简单有效。ETF 有被动的、也有主动管理的。例如一些特殊的产品会让你有机会借助杠杆押注大宗商品。这异常危险，如果赌错市场走向很容易大量亏损。所以有必要看好 ETF 的投资范围是否合你的心意，确认其是否与你想的一致。在实践中 ETF 一般用于投机，而不是传统意义上的投资，因此你应该把这种事情留给专业人士做。

投资信托

尽管我自己持有一两只投资信托（在我个人投资组合的章节里可以找到），但到目前为止我都没谈及这类产品太多的情况，在某些方面它们是 DIY 投资者理想的投资工具。我对单位信托和 OEICs 讨论的许多原则对投资信托同样适用，但要承认投资信托稍显复杂，也更难解释，从而可能吓到投资者。虽然我并不想给读者留下太多的定义和解释，因为这些内容在网上很容易找到，但在这一节还请你谅解，我需稍做详细介绍。

投资信托与单位信托的不同之处在于它们首先是封闭的，其次在交易所交易。这表示在初始阶段，它们通过公开发行份额（专业术语称为 IPO）来募集资金，这是固定的初始资本，且不能像单位信托那样随意增减。[①]投资信托资产净值的涨跌通常与市场和基金经理的专业技能有关。因此开放式基金的单价几乎总是紧跟其资产净值的，但投资信托则不然，其单价还受供需的影响。

如果该信托顺应潮流或者表现优异，那么其单价可能高于资产净值。如果你在这种情况下购买，需要支付的价格就会高于当前资产的净值。反之，如果需求不足或是没有，并且产品业绩平平甚至更糟，那么信托可能出现折价，即价格低于信托的资产净值。如果你此时买入，那么支付的价格将低于资产的潜在价值。

明白了吗？我保证它并不像听上去那么复杂。简言之，在投资信托折价时买入是不错的选择，就像在 1 月打折季购物。但如果溢价购买，比如溢价 3%到 5%，长远看来往往不妙。这一简单的公式背后或许稍有差别！主要取决于折价的原因。如果因为基金经理不佳，且信托业绩也有所反映，那么即使价格再低其买入需求也很薄弱。但是如果是该信托涉及的行业已经过时、不合需求也不受欢迎，则通常是其真实价值的体现，你应该将它作为潜在的买入机会进行调查研究。即便是第一种情况，也值得关注，因为董事会总有权利更换基金经理。此类情况如果发生，你就会发现折价将开始收窄，虽然不会立即反映出来，但你仍有时间采取行动。

如果某只信托的交易溢价非常高，则可能是因为基金经理格外出色，但通常更可能是表明该信托投资的行业相当火热，因此情绪面可能会突发剧变。若某只信托交易溢价超过 10%，我强烈建议你不要买。你需要为这种奇观找出合理证据。即便是顶尖的基金经理管理的信托也可能从溢价变为折价。但此后它们往往能重回溢价，所以保持观察价格折价的情况很有意义，它有时能带来极具吸引力的机会。

在过去 5 年里这类案例最为典型的是富达中国特情基金（Fidelity China Special Situations），该产品充分体现了我提到的优劣基金的差异，它包括英国最

① 它们可以通过两种方式时常发行更多份额：一种是通过购买并重新发行，另一种是发行所谓的 C 份额，其过程都很烦琐。

优秀的基金经理之一，其投资领域戏剧性地流行与失宠，以及受媒体曝光巨大的影响。该信托在安东尼·波顿（Anthony Bolton）手中产生，他曾经为富达公司成功管理单位信托和投资信托长达 25 年之久。短暂的退休生活后他决定迁往中国香港，继续为老东家打理中国的基金。由于他在业内的业绩和声誉，加上中国这一投资主题的流行，他的新投资信托在推出时就吸引了超过 5 亿英镑的资金，其规模创下记录。

该基金起初表现良好，不久交易溢价超出资产净值的 15%，这典型地敲响了警钟。接下来中国股市开始表现不佳，波顿先生选择的一些核心股票变得糟糕起来。因为他的名气，这些问题都不可避免地上了新闻头条，该基金便从溢价下滑到折价，而更糟糕的是产品单价跌到了 70 便士，远低于 100 便士的发行价。

波顿先生于 2013 年退出管理该基金，但媒体们仍充满敌意，有些甚至含沙射影地表示他管理期间很失败。尽管基金业绩已有所改善，但那时产品单价较资产净值仍折价 14%。但如图 8.1 所示，事实上在他管理期间已战胜了基金的中国基准，因此很难证实他是失败的。更重要的是，他埋下了高收益股票投资组合的种子。自那以后，该组合在新的基金经理戴尔·尼克斯（Dale Nicholls）的管理下蓬勃发展。中国股市随后强劲反弹，在该基金推出的 5 年之后，其单价上涨到 170 便士，是原先低点的两倍之多。

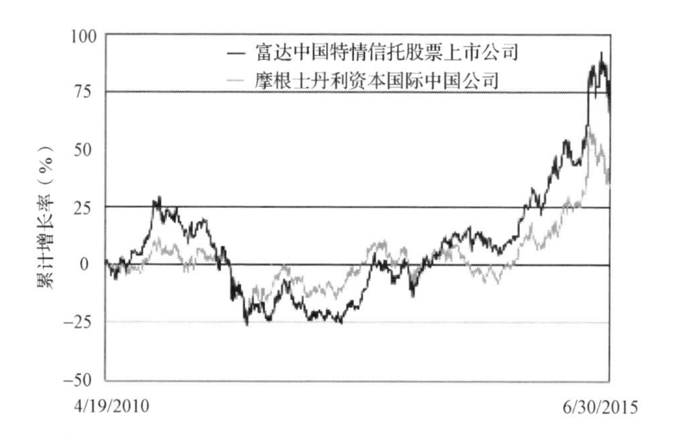

图 8.1　解释案例——富达中国特情基金的历史业绩

那些当初对业绩失望从而卖光基金的人错过了获得 70%收益的机会。这恰恰证实你不应该相信媒体的任何言论。花点时间研究一下就会发现，信托出现较大的折价其实是典型的买入契机，而非卖出信号。因为任何权益投资都应视为长期项目，但令人失望的是投资者才持有两年就卖出，这显然是个错误。另外富达中国特情信托（Fidelity China Special Situations）的例子说明由于折溢价的反复出现，投资信托相较于类似的单位信托风险更大，收益也更高。这项投资需要做更多工作，也需要更多勇气，这是否适合你全在于你自己。

投资信托和单位信托另一个重要区别是前者能“加档”收益，而后者不能。即如果董事会同意，投资信托可以借钱提高投资本金（延用开车的比喻，这相当于加了一两个档位）。这种加杠杆的方式是投资信托难以分析的另一因素，因为是否加杠杆会对投资业绩产生重大影响，也会增加其单价波动的风险。

除了这种多元化收益以外，每只信托还有自主决策权。一些投资信托会因其投资组合的风险已经很高而不进行任何杠杆操作了。杠杆有双重作用。当利率比如今高得多时，许多信托错误地以固定利率借款，从而很多时候长期锁定了较高借贷成本。但随着时间的推移，该问题逐渐得以解决。如今我们正处于极低利率的环境下，杠杆操作变得更有意义，其作用是在牛市价格上涨时，使投资信托的整体业绩优于其他相应的单位信托，但在下次股市暴跌时损失也会放大。因此对比单位信托和投资信托时要小心谨慎。总体而言，在过去几年里因为窄幅折价和杠杆作用的双重利好，投资信托的业绩一直不错，但情况不会总是如此的。

那么你是否要因为投资信托的复杂性而止步不前呢？我不这么认为，这主要取决于你投入多少精力进行研究。其实投资信托是个人投资者潜在的沃土，孕育着大量定价异常的机会能为你所用。其中原因之一是许多专业投资机构曾大量持有，但为了转变为直接投资，它们多年来一直稳步出售原有的持仓。而市场转由个人投资者主导，异常的定价并不会像在专业机构市场中那样迅速消失。

我认为投资信托因其复杂性永不会像单位信托那样成为大众市场投资工具。这实际上是好事。如果它们被广泛持有，那么目前个人投资者享有的大部分优势也不复存在。第一只投资信托，即海外及殖民地政府信托（Foreign & Colonial），早在 1868 年成立。尽管它历史悠久、辉煌，但 150 多年后其资本还是只有 25 亿英镑。相比之下，尼尔·伍德福德（Neil Woodfor）于 2015 年最新推出的单位信托几个月的时间就吸引了投资者超过 60 亿英镑的资金。这就是我说的大众化的市场产品，它简单、购买便捷，易于监管。投资信托虽有其优点但永远也不会如此。

媒体上常看到有金融机构因未能积极推荐投资信托而受到责难。原因很简单，许多投资信托规模很小，因此拥有大量执行客户（execution-only clients）的公司很难推荐它们，毕竟其容量难以承载他们的交易量。前 20 大信托每天的交易很少超过 200 万英镑，这对买卖金额在 1,000 英镑至 10,000 英镑的 DIY 投资者或短期内执行客户指令的投资顾问来说无关痛痒。但像我们这种客户量数以千计的公司，如果推荐投资信托则会导致买单在市场里满天飞，类似情况永远不会发生在单位信托的身上。

假如我们的通告上推荐了某只投资信托，那会发生什么情况呢？做市商，即接收并执行交易指令的专业机构看到该建议会在交易指令到达前推高信托的价格，从而任何大规模的买单都无法全部执行，导致客户不悦。更糟糕的是客户可能还会为此要求赔偿，特别是在价格持续上涨时尤甚。如果我们给出卖出建议，那么问题更加严重。这也是只提供执行服务的投资平台对投资信托心存疑虑的原因，也是我认为它们通常不适合大众市场的理由。

但这并不表示他们不适合你。如果你能理解投资信托的运作方式，那么它们可能是一项有吸引力的投资。即便你把大部分钱投向开放式基金，投资信托对你也有价值（如第 7 章所说，我持有 RIT 资本合伙人信托，部分原因就是它没有开放式基金的替代选择）。投资信托交易的折溢价对观察投资者情绪的变动也非常有用，这是判断某个行业或某个市场低廉还是昂贵的有用标志。如果更多的信托以溢价交易，那么可能表示我们正接近市场顶部；倘若许多行业出现大幅折价，情况则相反。

风险投资信托

风险投资信托是我过去几年中投资盈利的另一类产品。何为风险投资信托（VCT）？顾名思义，它是一种投资风险资本的投资信托。换言之，它为那些需要资金发展业务的新生或已有的商业项目提供资本，这些项目往往不太成熟或者风险太高，因此无法从银行及其他商业贷款机构借来资金。看过《龙穴》（*Dragons' Den*）这档节目的人都知道：很多企业家都发现要有财务和专业技能才能推动自己的创业公司起步。自金融危机以来，银行一直在缩减中小企业贷款，于是风险资本投资者纷纷加入，填补这一空白。而 VCT 的投资者，则从管理人的贷款和股权投资中获取收益。

管理一只 VCT，选择合适的企业并助力其成长是一种专业的投资管理形式。大多数提供 VCT 的公司都是小而精的机构，而非大型基金管理公司（如富达 Fidelity、安本资产管理公司 Aberdeen Asset Management）。哺育新生及成长中的企业是所有资本主义的重要职能，所有基于政治信仰的政府一般都尽力提供税收优惠以资鼓励。

在我开始投资时，税收激励的主要形式被称为企业扩张计划（Business Expansion Scheme），但坦率地讲它并未获得巨大成功。在这种背景下获得支持的企业多是垃圾公司，比如 Del Boy 获得的资助比谷歌还多，另外费用也相当高。此后事态不断进展，如今 VCT 已成为新公司宝贵的资金来源，同时作为幸运的投资者，它也是你的闲钱的好去处。

因为每只 VCT 都是对各公司分散化投资，其中有些运作良好，有些则不然。如果幸运，成功的数量会超过因各种原因招致失败的数量。这些创业公司质地年轻、风险高，只要进展顺利就能迅速成长，因此在专业管理的分散化投资组合中，你只需持有一小部分就能获得整体收益。

诚然，VCT 最适合那些已经幸运地积累了大量积蓄或是濒临用尽终身养老金限额的人。因为政府重视风险投资，税收减免非常有价值，特别是对渴望从投资中获取收益的人尤为如此。投资 VCT 的主要优点是你的初始投资可以抵御税收，通常会获得投资金额 30%的退税。此后获得的任何分红都免税，并且出售没有资本利得税。但如果你持有 VCT 未满 5 年，则将无法享受税收优惠。[①]

与投资 ISA 一样，投资 VCT 的另一个优点是分红收益无须报税。它吸引我的地方除了本来要交税的钱将会帮助银行不会贷款的小企业之外，还有当我老了的时候会需要这笔免税收入。假如政府不改变有利的税收规则，那么我计划未来几年里增持 VCT 投资组合。而我对它主要的不满是其费用太高。许多 VCT 除了收取年度管理费以外，还要提取业绩报酬，而我是向来不喜欢这样的。

① 在写作本书时情况如此。在欧盟的介入下，有关 VCT 的税收方式会发生变化，这可能会降低它们的吸引力和运营方式，因此在投资前要征求建议，跟上这些规则的变动。

重点要记住：税收减免只在最初募集阶段购买时才生效，在二级市场购买时则无效。因为它们欠缺流动性，其二级市场的价格往往波动较大。在金融危机期间，许多 VCT 大幅折价 30%、40%，甚至 50%。作为一名投资者，你可以坐视不理、冷眼旁观，但如果你聪明机警，有时就能在二级市场上以大幅折价购入更多份额。尽管此时没有资格获得最初的税收减免，但仍可获得免税的分红，并且折价会随着时间的推移而减少，从而你还能获得资本增值的前景。

在我的 VCT 投资组合中持有像 Northern Venture、Maven 和 Mobeus 等公司管理的产品。有些 VCT 相当专业，但我更青睐多元化的 VCT，不会选择主要投资 AIM 市场的产品，因为可以买到很多类似的单位信托产品。

由于业务性质，VCT 的支出可能相当庞大。如果你很幸运，买的 VCT 非常成功，那么你可能会获得额外红利和定期临时性收益。最近一个案例是 Octopus 信托出售了持有的互联网房屋中介 Zoopla 的股份。这类 VCT 风险很大，所以我将其作为长期投资，你也应该如此。但以我的经验，VCT 的风险并不像一些人想象中那么高。总体而言，它们的分红收益非常可观。

VCT 的主要问题是难以分析，它们大多由团队管理，从中区分优劣并不容易。另外 VCT 的流动性可能很差，所以难以按你理想的价格出售，许多 VCT 都以资产净值折价交易（具体规则和减税政策不断变化，我担心这会带来新的职业风险）。但是我认为 VCT 已经运营了 20 多年，许多公司已经从中发展了起来，因此不用再去努力拣选它们，所以我的目的是持有那些某个时段上业绩最好的产品。

房屋租赁并不像传说的那么美妙

严格来说，房屋租赁（buy-to-let）超出了本书的范畴。但是在英国房地产已近乎与宗教无异，它对许多人而言是一种永不亏损的资产，并且发展得确实非常好。但对我来说房子只是用来住的，不是拿来赚钱的，我甚至不认为它属于投资品，至少房屋租赁不是这样的。20 世纪 90 年代中期它们才成为个人投资者的选择。这种方式其实是商业冒险，并非投资，两者有天壤之别。

我不会愚蠢地认为房屋租赁不值得关注，但你要时刻警惕。比如我发现房屋租赁热潮源于 1996 年，时值房地产繁荣周期前的底部，各项统计数据表明其收益率比其他所有资产都高。从那时起房屋租赁的表现确实很好，但正如我在本书其他章节所说，要谨慎对待统计信息。如果比较过去其他时段，数据会大相径庭。

对大多数人而言，房产比股市更好理解，毕竟它看得见、摸得着，并且价值波动不大——但要小心，股价是每秒都在变，而房价只是偶尔变动，所以其涨跌更具迷惑性。你必须把房屋租赁看作一桩生意。它比投资更具实操性，而且现在正开始招致更多监管需求。例如 2015 年要求业主获有租户身份和国籍证明，否则罚款将高达 3,000 英镑。

在你权衡是否要当房东时，还需要重点考虑维护成本、代理费用和房屋空置问题（若某个租户离开，而下一个租户还没来，则必然留出时间空隙）。这些因素都会减少你的收益。如果你还借助杠杆，通过抵押贷款买来用以出租的房子，那么贷款的偿付也需要考虑。诚然利息支付可以抵税，但我不知道能持续多久。

我认为房屋租赁主要是一种创造收益的行当，这在当今低利率环境下尤为有价值，所获租金收入对房屋租赁的成功至关重要。那么 5%的收益率听起来够吗？我常在媒体上就这一话题听到这个数字，特别是在英格兰东南部，那里因资本增值推升了价格，收益率也相应降低。但仔细想想，该收益率似乎比银行和建筑协会账户的收益率都高。但我认为作为房屋租赁的投资者，应获取接近 7%～9%的收益率才明智。

你可以找一些房子把它们租出去收取租金，但它们通常离你住的地方太远，你不大可能把房子买在隔壁。房屋租赁和其他行当一样，都要寻求潜在利润最大化，要做到这一点，需要做大量的工作。当然出售房产时你能从中获取资产增值的收益，算作是对先前收益不佳的补偿。加之抵押贷款利率极低，所以毫无疑问在过去几年中，许多人都涌入了房屋租赁市场。

我认为资本增值既不能当作真金白银，也不可视为镜花水月，它更像是锦上添花。[①]你应该关注的是获取收益。我们无法确定过去 20 年房地产丰厚的收益能否在将来复现。但事实上它们难以再有类似的规模。利率开始上涨后必然导致房屋租赁的经济状况恶化。大量年轻人因为买不起房心生不满，因此和房东友善的气氛也会就此改变。

---

① 除非你把房子分成一间间公寓，否则无法像金融投资那样用分层出售的方法来管理房产，比如像管理税务负债那样。

另外有利于房屋租赁的税收政策也可能改变[①]。房价可能像以前那样下跌。在利率上升和房价下滑的期间，如意识不到将面临财政吃紧的窘境则相当不明智。而多数房产抵押利率较低的现实又会导致问题加剧。长期看来，这类杠杆确实有放大潜在资本收益的能力，但另一方面，一旦利率开始上升则适得其反。即便利率按我希望的呈多年渐进式上涨，情况也是如此。

所以我觉得如果你喜欢从事房屋租赁，那就要把在其他类投资上适当尽职调查的时间和努力转移过来。不要被它表面的收益率蛊惑，你要知道购房成本非常高，往往要花掉你第一年的收入。还要明白如果已经居者有其屋，那么房屋租赁会增加在房产上的风险。不要以为房价永远不会下跌，它会下跌的。另外不要忘了和租户打交道、房子维护以及因这项业务需要保留所有相关记录的这些麻烦事。我怎么看呢？我曾研究了房屋租赁，觉得还是股票和基金收益更让我省心，也不费事！

直接投资股票

你可能发现本书很少提及直接投资股票，这是因为在写作时我主要依赖自身经验，我除了在 Hargreaves Lansdown 时持有过股票，在其余大部分经历中从未真正直接投资过股票。并不是因为我对此持有异议，相反，我知道很多人在这方面非常成功。主要原因是如果要做好股票投资，那么就需要花费我更多的时间和精力，还需要会各种技能。我真心怀疑大多数人是否愿意或者能够送交那么多的时间。但不要因为我的观点放弃你的想法！

如不考虑离岸基金，可供选择的基金超过 3000 多只，我认为自己足以掌控好基金研究工作。虽然我也喜欢股票投资，但个人不想把所有的业余时间都花在看公司报告上。我更喜欢投资基金，因为它的分散化立竿见影，并且投资范围比我自己买股票更宽泛。还有一个原因是我的工作要求我在全球范围内投资，在这种情况下选股更难。我也很幸运每天都能接触到基金经理，他们的选股能力远超出于我。就像老话讲的，如果你想要一辈子的朋友，那就去买条狗。如果你想挑选好股票，就请基金经理来帮你（只是要确保他们真的能做好！）。

我时常也会持有股票，和大多数投资业内人士一样，我很乐于告诉你一些最

---

① 2015 年，总理宣布计划对房东申报利息的抵税作用进行限制，同时成本开支的范围也有更改。

成功的例子。在 2000 年，我找到一只公司名为剑桥抗体（Cambridge Antibodies）的十倍股票（即资金翻 10 倍的股票）。有段时间我以为自己找到了点石成金的奥秘。但很快栽了跟头，在另一只公司名为知识管理软件的股票上，我几乎全部亏光。当时我以为它会获得惊人的收益，结果原来它是一只垃圾股票。我坦诚地告诉你这些。

我最近在公司名为远见金融（Provident Financial）①的股票上做得不错，该公司的资本市值在过去几年里几乎翻番，同时分红也很可观。该公司的业务至少我能看懂。无论你是否赞同，自人类时代以来资金借贷都一直伴随着我们，并且未来可能仍将如此。我看好该公司的原因是它的业务简单易懂，不需要太多技术和生物方面的知识。我估计自己会长期持有这只股票，它符合我特有的投资风格。虽然它不“性感”，无法一年翻 10 倍，但同时它也不大可能破产。我非常认同循序渐进是最好的致富方式。

我也知道股市的很多明日之星出现在 AIM 市场和股市里小型公司中。但因时间有限，能力不足，我非常现实地明白自己能发觉这些公司的机会非常渺小。如果你想直接投资股票，我建议你要对自己的能力及能投入的精力有清醒的认知。也许你是一位投资天才。有许多普通的投资者在互联网泡沫期间都自以为是，直到全部崩盘为止。如果你喜欢研究个股并且也有时间、有意向这样做，那就务必坚持，但一定要睁大眼睛。如果你有商业分析或财务分析的相关经验，那么会很有帮助。我建议你把股票交易限制在整个投资组合的 10%以内，以便发现自己是否足够有条件和能力做好这项工作。在至少经历一次严重的市场调整之前，你肯定不会知道自己的能力如何。当所有股票都下跌了 25%甚至更多时，你才会有所感觉。只有最终存活下来，才会知道自己已经掌握了必备的能力。

我一直感兴趣的是，Hargreaves Lansdown 的客户总是买卖交易量最大的股票。其中 60%的客户至少持有一只 AIM 市场的股票，这表示他们被股票市场中的高风险、高收益领域所吸引。在撰写本书时，AIM 市场中最受欢迎的股票是 Quindell、Sirius Minerals、Monitise、IGas Energy 和 Falkland Oil and Gas。进一步研究这份名单，很明显这类股票很少会长期持有，这说明那些买家确实是在投机或赌博，而不是我所说的投资。更糟糕的是即便是股市整体上涨，大多数这些股票也会亏

① 译者注：Provident Financial 为英国最大次贷供应商。

钱。所有交易都有费用。这些股票都不符合我对长期持有的要求，即支付可观的红利，并且能多年经营。这让我好奇买家是否觉得有意思或者他们是否真的希望从股票交易中赚到钱。这也是我为什么喜欢坚持选择投资基金的原因——当然它不那么刺激，但更安全、更贴合我的思维方式。

要点记忆

- 对投资新手来说，被动投资是有效且成本较低的起点。
- 主动投资基金的成本更高，但如果选对基金，那么回报也更高。
- 投资信托是单位信托和 OEIC 合理而实用的替代品。它们更难理解，往往波动也大，但是具有别的优势。
- 风险投资信托是获得免税红利最好的潜在来源。
- 在选择进入房屋租赁市场之前，要仔细思考清楚，它既是一桩生意也是一种投资。
- 直接投资股票可以获得很好的收益，但投资者需要投入更多的时间和精力。

第 9 章

35 年的职业生涯再回首

倘若你和我一样投身在投资行业，那么对行业发展模式你一定有自己的看法，并且也能为大众接受。本章我就困惑的问题提出一些设想，并对前文所提及的和投资相关的内容做进一步的反思。你可以不认同我的观点！毕竟过去 30 多年来我没看到谁在投资的各个方面都能正确无疑。只有经验才是我最好的老师。

预测的风险

在我职业投资的生涯里，股市出现过几次剧烈崩溃。1987 年的崩盘在当时是一次巨大冲击。互联网泡沫及其破灭是整个股市历史上最疯狂的事件之一。2007 年至 2009 年金融危机的规模也相当剧烈，股市在不到 10 年的时间里再度戏剧性地下跌 50%。

尽管我认为互联网泡沫算是例外，但公平地说大多数股市下跌，包括最惨烈的崩盘都没人能预料到。1987 年的“股灾”令业内震惊。谁都没见过市场如此急速地下跌。一些单位信托接连三四天无法交易，他们根本不会接电话，这前所未见，即便在今天也不被允许。

那次崩盘后，市场历史学家被推向前台，比如约翰 •肯尼斯 •加尔布雷思（J.K. Galbraith）[①]，还有其他形形色色能想起 1929 年华尔街股市崩盘的人，他们声称世界末日来临。如果你和我当时一样年轻，投资经验不过几年，自然会认为他们言之有理。结果和那些预言 1987 年的崩盘将引发新一轮全球萧条的人一样，我们都错了。

随着年岁增长，你会发现投资业内有很多专业人士实际上是不知所云的，而且他们越是专业就越令人费解。可即便他们的预测毫无价值，但还是能有个体面光鲜的职业。大部分经济学家也都是如此。他们的判断屡屡失误，却能获利颇丰。我发现大多数经济学家所预测的经济衰退从未实现，但他们却都能全身而退。这虽然难以置信，但事实确实如此。

另外，要知道基金行业也有失去理智的时候。在 20 世纪八九十年代，许多投资信托的固定借款利率高得离谱，导致持有人的资金大幅受损。比如管理养老金和寿险的公平人寿（Equitable Life）曾向客户承诺保证年金利率，但市场利率开

① 译者注：美国经济学家、新制度学派的领军人物，曾著有《1929 年大崩盘》一书。

始急剧下滑时他们因为负担不起最后声名狼藉地破产了。

别的不说，光这些例子就表明专业投资者的投资业绩一定比个人投资者好的观点完全不成立。以我的经验，机构投资者、专业投资者都会和任何个人投资者一样可能会犯一些错误，有时甚至错得更严重。这些例子我屡见不鲜。

这也说明即便你是业内人士，也有必要保持谦虚，因为谁都有犯错的时候。我自己天资有限，无法告诉你今明两年的股市走势。毕竟任何事物都不会像事后看上去那么简单明了，否则事后诸葛亮都是亿万富翁。你所能做好的就是放长眼光、观察价格和市场是否已达极限，并打赌它们无法持续下去。

20 世纪 90 年代初出现过类似情况。当时利率达 15%，这肯定不能持续。但我记得当时劝说一位客户购买担保收益债券，却遇到了很多麻烦。该债券每年付息 13%，并且到期还本，可以想象这放到今天会多值钱。可当时他认为利率会一直上升，这就是人们的惯性思维，仅仅用最近的情况去推演未来。

最近一个例子是日本股市。和其他大多数主流国家股市相比，日本股市长期低估，但仍有成千上百的投资者认为不可投资。为什么？因为此前日本股市有太多“虚幻的曙光”，许多投资者还不能从伤痛中恢复。伦敦的房价则是另外一例。说房价永不会跌的人并不长记性。自我工作以来，房价至少经历过三回重挫，等到某个时候肯定还会再来一次，只是我无法预知具体的时点。

应对市场危机

根据心理学，人们对损失的厌恶程度远远大于获取盈利的满足感，所以我不会去赌。赛马和投资类似，其结果很少尽如人意。如果赌对了，你会失望，因为应该对赢家押注更多；如果赌错了，你也会不满，因为根本就不该投钱！投资有时候也是如此。盈利的时候你会觉得为什么没有投入更多，业绩不佳时又会懊恼干嘛当初要投资？

投资基本上是由贪婪和恐惧驱使的。如果你总是害怕的话，我要再次告诉你投资是为了提高生活质量；但如果你每分每秒都心怀惴惴，这种作用就荡然无存。诚然任何投资者有时必须应对危机和市场大跌。过去 20 年里，股市多次发生 5%至 10%的调整，而且大量的恐慌导致结果更糟。

信息通信的即时性促使市场涨跌十分迅速。我认为投资者要意识到不论投资什么、不论基金经理多么出色，你的投资组合在某些时候都可能蒙受损失。你要想好："我届时会作何感受？如果投资了 10 万英镑，一年里只剩下 8 万 5 千英镑，感觉会如何？"

这个检验很有效。无论你何时做了什么投资，都要试着想到最坏的情形。客户获得抵押贷款时，我总会问他："如果利率上涨，你必须支付的利息不再是 3%，而是 5%，你会怎么办？你算算要多付多少钱，负担得起吗？"如果不能，那我怀疑你是否应该贷这么多，甚至是否应该买房子。但令我惊讶的是，很多人似乎没有想到过这种常识。

投资也是如此。进展不顺时，要有现实的预期和心理准备。如果期望落空，自然失望不已。一旦发生这种情况，不要光看别人，还要反思自己，想想投资本身的问题，思考自己是否真正按照设定的方法进行长期投资。如果你感到恐慌，我建议你不如去钓鱼或者抽时间干点别的，不要让自己被情绪左右。盯着亏损毫无生趣，没有人会喜欢。但这毕竟是活生生的事实，你必须要知道它发生的时候该如何应对。

我遇到过最迅猛的跌幅是在 1987 年 10 月。那次巨幅震荡，人们前所未见市场如此迅速地下跌。某周一晚上华尔街下跌 25%！伦敦跌幅超 10%，次日再跌 11.5%。2000 年以来的 10 年里我们两度下跌了 50%，这虽不正常，但确实反映了经济和金融周期的波动性。

这告诉你要把眼光放长远，并且在你最早投资前要确保有足够的资金能帮你渡过难关。因为某些下跌并不表示投资失败。尽管人们会说"你们就知道这么说"，但很多时候我们终究会说"买入时机到了"。虽是老生常谈，但 99%的情况下却是对的！

投资行业是全球唯一一个价格下跌、购买力不增反减的行业。如果哈罗德百货（Harrods）发生 50%大减价，人们会蜂拥而至。股市则相反，人们往往会因为恐惧而没有任何反应！其实这是考虑买入的良机，当然其中也有很多运气成分。常有人问我"该怎么办？"，市场下跌时尤其如此。我的回答千篇一律："看吧，如果你的投资组合平衡性很好，并且找到看好的标的，那就买一部分，比如一天买入 10%或 20%，然后放段时间看看，如果市场下跌，我自己肯定会投入更多的资金。"

但 DIY 投资者这样做会有心理压力，因为开始下跌时，是受点损失还是扛着不动呢？早在 2008 年，耆卫公司（Old Mutual）的小盘股基金和首域亚太基金（First State Asian Pacific）都受到较大跌幅，跌了 40%或 50%。DIY 投资者往往会觉得："如果我在价格顶部卖掉它们就太好了。"我回答他们："是的，但你是否能在底部的时候再买回来呢？"底部的时候，各种消息都比顶部时更糟。人们太容易陷入失望沮丧的情绪，他们不会买回已经出售的东西，从而彻底失去机会。如果在 2008 年一直持有耆卫公司的基金，如今涨幅已超过 250%。首域亚太基金也是如此。

这都回到我对决策的观点上：越少做决策越好，如果今天卖明天买，难就难在必须做出两次正确抉择，但往往至少会错一次。而这足以让你蒙受损失。在市场不景气时，我很想说最好的办法就是不去关注各种消息，不要盯着投资组合，要把注意力放在长期投资上。

市场总有风暴，一年可能发生两三回，也可能风平浪静，你一生中肯定会遇到艰难时刻。但总体而言，市场和经济大部分时间里表现都比较折中，既没你想的那么糟，也没你想的那样好。

如果市场下跌，像安东尼·波顿（Anthony Bolton）、尼尔·伍德福德（Neil Woodford）和奈杰尔·托马斯（Nigel Thomas）也会业绩不佳，但这并不表示他们一夜之间都成了无能之辈。事实上，他们经验丰富，镇定自若，正是你所需要的。你不该选那些市场一有风吹草动就慌忙逃跑的人，他行为反常。那往往是灾难的开始。

我们总想给事情找理由，但有时候就没有很好的理由可找。回顾互联网泡沫时期，2000 年年初它已步入尾声，但并没有哪则消息突然说这项科技没用。事实上，2000 年关于科技的所有讨论及发展在如今已眼见为实，但当时科技股还是犹如陨石坠落般下跌。好比铁路、运河的泡沫，长期看他们对经济有用，因为即便有过度投机、过度开发，但它正是国家的需要。静下来想想就知道铁路是建设不完的。

最后我要指出：市场确实有时候被高估或低估，有些指标或许能告诉你长期收益率的情况。中国香港股市在市盈率为 8 的时候是最知名的买点；一旦市场跌到 8 以下，几乎无疑是绝佳的入场时机。过去的 30 年里，市场常在这个位置显著反弹。这个例子很好地说明最好要贯穿历史视角来看待市场，不要试图判断宏观市场或经济情况。客观信号总要比倚赖个人或情绪的方法好。

这也是许多基金经理更愿意专注于所选行业的估值并坚持下去的原因。比如：斯莱特投资（Slater Investments）的基金经理马克·斯莱特（Mark Slater）用很多比率筛选股票，却不做太多宏观分析；安东尼·波顿（Anthony Bolton）从不研究宏观，至少其职业生涯后期是如此的；吉尔斯·哈格里夫（Giles Hargreave）同样如此。但他们对宏观总有一个观点。我调研基金经理时不会问他们对总体经济环境的看法，而会问："现今你还在股市里寻找机会吗？"

如果得到肯定的回答，则对判断市场估值是否过高很有帮助；如果回答是否定的，那你自己要小心谨慎。你可能觉得他们总会回答"是"，但以我的经验，最优秀的基金经理们都富有经验，且为人诚恳，会坦诚和你分享最新的看法。

养老金革命

如果政府不再折腾我国养老金制度，我会更加高兴。养老金是大部分人除了房子外第二项重要金融资产，但其准则屡屡更改，则对我们毫无益处。然而2014年乔治·奥斯本（George Osborne）[①]首次宣布养老金自由化改革，并表示会在2015年预算中进一步推行，这就是潜在的规则变化，如果将来政府采纳，会对数百万人未来的经济福祉产生深远影响。如果你是本书的读者，很可能就是其中之一；即便你不是，以后也会发现很多人在谈论这一话题。

今时不同往日，过去人们对养老金不感兴趣，关于它的话题也和投资沾不上边，虽然我多次说过事实并非如此。之所以会这样，我认为是公共部门太过偏爱最终薪金计划（final-salary scheme），而且它也受私营企业的欢迎。在该计划中，支付养老金的责任全在于雇主。而作为员工，几乎不需要了解投资的任何信息。另外，养老金和你的最终工资及工龄有关，通常是工资的三分之二左右，因此它不但足以应付大部分日常开支，还能攒下一笔钱。最终你无须关注股市走向，全交由其他人打理。

今天终身雇佣制和最终薪金计划已成过去式，至少在私营企业已经不复存在了，所以几乎所有人都要用前所未有的方式了解养老金的基本特征。目前旧的方式主要存在于公共部门，那里的所有职员几乎仍在施行最终薪金计划。政治人物也是其中的受益人，他们直接受到养老金的影响有限，而自己又不断进行干预，

① 译者注：乔治·奥斯本是英国政治家，自2010年起任财政大臣，于2016年卸任。

两者并不巧合。如果他们有个人养老金，我想他们对自己更改批复产生的影响会有更深刻的体会。除此以外我想不出，还有什么变动能比让他们直面我们都在面对的问题来得更重要。

幸运的是，个人养老金比 30 年前值钱得多，那时候光费用和佣金就贵为天价。另外，它最大的改变是支付责任从雇主转移到雇员个人身上。因为你的养老金可能比房子还值钱，所以它已成为个人的一项重大职责。养老金最终的多寡在很大程度上取决于你的投资。所以不能再靠别人为你决策，你要么靠自己，要么找有能力的人来帮你。在这点上，自我学习永远最为重要。

这些问题或许很复杂，但我希望你明白养老金实际上只是投资基金的另一种形式。只要所投资的基金越好，那随着时间推移，从中获取的收益也越多。日常生活中，个人养老金或多或少是一种节税的储蓄计划，所以做其他投资时也要看到这一功能。如果你的雇主制订了缴款方案，并且与你一起支付，那不要主动接受该方案所默认的基金，要关注它的投资方式，并且考虑是否还有更好的选择。如果你觉得我在本书中撰写的挑选基金的方法很实用，那就可以用到养老金投资上。你对投资顾问的建议越上心，就越能获得令你满意的结果。我个人认为你一定要参与进去。

以上的种种问题并不是新版养老金制度提出后才有的，新的条款也不是在本书写作中才开始生效（还将有更多变化）的，我们需要观察制度的落地情况，相关信息可以在政府及其他网站上找到。其中一方面，按新规如果 75 岁前死亡可以不选年金，且配偶及其他家属能获得免税的退休金。这项改进非常积极，且富有突破性，对那些养老金累积丰厚的人而言尤为可贵。

另一方面，终身津贴和养老金每年减税限额的预算不断削减，这却是一种倒退，它限制了养老金改革的其他成果，对年轻一代尤为如此。[①]同时我还担心那些对养老金经验不足、知之甚少的人可能有犯错的风险，从而沦为不当营销及建议甚至欺诈的牺牲品（天知道养老金行业在这两方面有多少见不得人的问题！）。所以不论你如何选择，我都劝你不要急于行动，除非你已真正理解所提议的变革。

养老金很少提到的一个实际问题是和买房子一样的，有许多运气成分。它在

---

① 2015 年，终身津贴的限额降低到 100 万英镑，当然那些已经积累了大量养老储蓄的人不会因追溯失去曾有的税收优惠而受到处罚。

很大程度上取决于你的退休时间（以及死后你的继承人和家属）。如果届时利率、股市和债市发生价值变动，则会对你退休后的状况产生巨大影响。如果把养老金当成年金强制执行，那么除非人们退出，否则其利率水平可能年年有变。

我岳父就是一名幸运者。他于 1994 年退休，那年年金利率猛然上升，当时美联储出人意料地提高利率，导致债券市场受损严重。年金利率通常由政府债券利率决定，当时国债正经历了 36 年来最糟糕的光景——收益率飙升，价格持续下跌。虽然这对市场是打击，但对我岳父却是好消息。他在年金利率达到峰值时退休了，养老金积累了 30 万英镑，余生中每年能得到近 10%的收益，此后利率和通胀率都开始下降。在今天如果想幸运地从年金中获取 5%的收益，那么要获得每年等额的收入则需要积累到 70 万英镑才行。

如果你选择退出，比如退出一部分市场，其他则留下，那就和买彩票类似，收益情况取决于所退出市场在退出时的表现。倘若 2007 年年底你开始提取养老金，那情况很遭，因为在之后的 8 个月里股市暴跌 50%；但若是从 2009 年 3 月开始提取养老金，生活则优越很多，因为后期股票增长了一倍之多！没人能精准预测市场的短期走势，我认为这就是运气的问题，你无从选择，只能像哈姆雷特所说，要承受命运投来的飞矢流石。

两大难题

时间期限的问题必然导致养老金计划的两大难题更为复杂：（1）需要多少钱才能保证退休生活轻松愉快；（2）是否需要选择年金。养老金自由法案规定每个人可根据自身意愿选择年金，这点非常有吸引力。年金之所以不受欢迎，是因为一旦死亡，钱全归保险公司所有。试想你把所有积蓄都给了保险公司，结果第二天你不幸身故，保险公司会把钱全都拿走不留给别人。当然倘若你活得比精算师估计的还长，那就能从别人的支付中获益，但这种不公平仍引起很多人的不满。而且随着年金利率持续下降，情况会变得更糟。

另外，虽然利率下降会凸显投资的吸引力，但并不现实。我和一两个客户接触下来，坦率地说他们对此深恶痛绝。这不仅需要你能预估每年利率走势，还要对市场有看法，这让人倍感压力！如果市场未来两年像 15 年来两次股灾一样跌去 50%，那么该如何应对？做事后诸葛亮当然容易，但在当时却如同梦魇一般。

因此这是我对养老金改革的最大忧虑之一。如果我这样的专业人士都无法确定采用哪种投资策略最好，那大多数普通投资者又该如何做得更好呢？所以必须营造一个公平的环境，如果人们都支取养老金，那么资金终将耗尽，我们不得不重新依赖政府。不过现实中大部分人养老金还不足30,000英镑，多数人只会拿现金消费。

事实上，八成参与养老金计划的人在退休前没接受过任何专业意见。他们选择年金大多只是接受保险公司的指令，并不自主交易。这也要花掉数千英镑。我并非说他们需要有更多的决策权限！我不知道有没有人曾深入研究过这个问题，但我直观感觉过去10年中那些大多数选择退出的人，现在回头看看可能后悔了。多数人退出后能获益的唯一方式就是碰巧早夭，但这并不是你想要的，至少我不希望如此！

在我看来，只有精明的有钱人才会选择退出。政府声称，现有500万名年金持有人将从年金与现金自由兑换中获利。目前还不清楚这样的方案是否可以成立，即便成立可能也只惠及小众。对大多数人来说，我冒昧地认为保留现有的年金收入或许还有意义。任何选择退出的人都要保持至少相当两年的养老金作为储备，如果市场真的发生下跌，就可以停止支取，从而资产不会进一步缩水。

储蓄的必要性

养老金的问题尚待思考，另外我还需重申两点：（1）早日开始储蓄的重要性，（2）为什么要花精力了解投资（越来越多的人在做这事）并成为DIY投资者。我担心大多数人会因为这些复杂的问题畏缩不前。他们需要帮助但却不知该如何获得帮助。我们国家的一个现实问题是除非你的资产达到25万英镑以上，否则大部分理财顾问不会光顾你。

如果你资金不足，或者刚刚起步，那你别无选择，只有自己多尝试多努力。毕竟如果你不涉猎投资，就永远不可能请得起优秀的理财顾问。但即便如此，你可能还是对顾问们感兴趣。为什么？因为大多数理财顾问所提供的实际上并不是投资技能本身，而是理财规划。

理财规划将涉及你的整体情况，包括财产数量、子女年龄和需求、人寿保险状况、养老金资产等，并且尽可能地把你拥有的每一分钱都实际转化为投资。当然，很多理财规划师都希望你花钱请他们打理财产，并从中挣取费用。但不幸的是，他们中间很多人并不擅长投资。老话讲“小钱都是用大钱慢慢赚出来的”，我看恐怕确实如此。

我喜欢将人们的投资方式比作买车。买车时买家无须知道内燃机的工作原理，也不会去车库转转，只会说：“我买那辆红色的车。”结果两周后他们会抱怨家里有六口人，可车只有两个座！

在金融投资中类似的问题常有发生。无论是依靠理财顾问还是自己投资，人们事先都会有各种疑问，同时对想实现的目标也缺乏任何基本的了解。在这方面我觉得金融业并无裨益，它们和所有行业一样有其自身特点，而且会不可避免地把问题复杂化。

这些年来，人们对金钱的态度发生了变化。以前都是穷人通过单位信托参与权益投资。如果你去高尔夫俱乐部，就会发现没人关心信托产品，他们都在讨论壳牌股票上周的表现。那时候拥有一名属于自己的股票经纪人会满足很大的虚荣心，而且人们奇怪地认为股票经纪人能给予最专业的意见，而单位信托则不然。可颇具讽刺意味的是，单位信托在资本利得税上有优势，它实际上更适合高净值人群。

自 1966 年巴克莱卡问世，人们的态度发生了变化。巴克莱卡美其名曰信用卡，不叫分期付款卡。工薪阶层分期付款是家常便饭，但没有信用卡我父母那辈人永远不会借钱消费。那时候通胀开始高企，资金成本变高，但我父亲觉得对于工薪阶层，分期付款并非好习惯（成本也很高）。

巴克莱卡名为信用卡，巧妙打破这一桎梏。我觉得消费型社会从那时开始成型。不知你是否还记得那时候巴克莱给你寄信用卡的情景。即便你没有申请，他们也会给你寄卡，或多或少你总会收到一张卡片。这类卡带来的最大变化是人们获取信用贷款变得容易。但由于监管原因，公开获得关于储蓄和咨询的难度也更大了。

我发现用信用卡在约翰-路易斯[1]消费很方便，两三分钟内就能获得 5,000 英镑的信用。但如果你带着 5,000 英镑来 Hargreaves Lansdown，那得花费半天的时

---

① 译者注：英国最大的百货商店。

间！因为我们给你任何建议前，你要填写各种表格。另外我们还要对你的情况及对风险的态度做背景调查。

如果要发展我们国家的储蓄文化、投资我们的经济未来，就要让储蓄和投资更便捷、更简化。重要的解决方式之一自然是教育，但还必须有更好的方式引导人们减少赌博，把更多的精力投入到更有成效的投资之中。这可以从规范电视宣传做起。

银行的问题

对所有想成为 DIY 投资者的人，我给出的第一条建议是：不要找银行寻求任何关于储蓄及投资的服务。诚然你有活期账户，银行会给你适量的抵押贷款，但在获得信用之前必须先有消费。银行是人们最先想到寻求帮助的地方，究其原因我认为银行或是一个初级的起点。

但问题是银行业已今非昔比，近来的金融危机也反映了这点。过去 20 年来，银行逐步从大众财富和金融利益的守护者沦为销售巨头与赌博机器，他们只把客户当成获取产出和利益的来源，却未尽其所能帮助客户。

任何与银行零售业务打过交道的人，都会亲眼发现他们在敲诈勒索。在一定程度上是因为现在银行所有分公司的员工都是潜在的销售员。我记得几年前去特丁顿（Teddington）的劳埃德银行（Lloyds Bank），惊讶地发现那里最惹眼的竟是一张图表，上面记录着每位员工过去一周的销售业绩。

在国民地方银行（National Provincial）和西敏寺银行（Westminster Bank）合并成国民西敏寺银行（NatWest）前，我祖父曾任国民地方银行的经理。他是人们眼中传统的银行经理，熟悉南非黄金的股票，并在认为股价便宜时为客户买入。你能想到如今还有银行经理会做这些吗？那要被扫地出门的。当今银行经理的职责不再是善待分支机构的客户，而是如何完成大区经理或总部领导规定的销售任务。

一旦零售银行（把你在马路边存的钱向企业及个人放贷）被逐利的投资银行接管，真正的腐败会由此滋生。过去几年里，我们看到的几乎所有丑闻都是文化及灾难性的行为转变导致的，比如养老金和保险的不当销售，利率和外汇操纵等。

尽管过去几年里出现了一些尝试性的改革措施，但要根除已潜入银行业务中的不良习惯和错误决策尚待更多时日。我希望说最坏的时期已经过去，但说实话这很难。所以不要拿你的钱去信任他们！

金融产品的广告

多年来，监管机构出台了更为严格的规定，对金融服务公司的误导性销售和营销手段予以打击。我对此并不反对。上帝都知道这些年来有多少丑闻曝出。在此我提个热点话题，有家叫 Barlow Clowes 的公司，它的负责人在报纸给一只投资国债的基金做广告，却神奇地向投资者承诺该基金的收益比国债还高。

业内人士都绞尽脑汁地想知道这到底是不是真的。我的老板基恩·西格（Kean Seagar）坚持不让我们的任何客户触碰 Barlow Clowes 的基金。该举措尤为明智。事实证明：Barlow Clowes 采用了低劣的欺诈手段，其创始人骗取投资者的资金以满足自己奢侈的生活。该案例印证了那句老话：如果某些事看起来美妙得令人难以置信，那它基本上就是假的。

当时并没有监管机构站出来予以禁止，而报纸本身虽稍作检查，却还是为此刊登了广告。几年后，监管机构不得不再次介入，制定规则，详细阐明基金公司该如何展现基金的业绩数据。这样做很有必要，因为我们都知道世界上有三种谎言：谎言、该死的谎言，以及统计数字。一些基金公司把这种带有误导性质的广告伎俩推到了新高度。

当下我头疼的是不同行业适用标准的差距越拉越大。你在推出基金或者为首次公开发行的股票撰写招募说明书时，必须加上阐明风险的页面。所以无论基金管理公司声誉多好，你都很少能在电视上看到基金的广告。

但是你打开电视又看到了什么？包揽交通事故诉讼的律师广告、利率惊人的贷款广告，还有没完没了煽动你参与体育赛事赌博的广告！后者甚至为你提供资金，从而培养赌博的恶习。你很可能轻易地输光所有资金，但如果给你一个看似无聊却很合适的投资产品，那么未来几年可能会赚到钱，你的结局也会不同。

我最不希望倒退到靠误导性促销贩卖金融产品的时代。平面媒体、社会媒体仍然广告泛滥。但如今是电视媒体为主的年代，近年来国家储蓄率持续低迷并不令人意外。金融危机前获取信贷非常容易，而现在我们的问题是几乎无法将最好的储蓄型产品卖给那些最需要的人。

储蓄不足不仅仅是年轻人的问题。传统意义上，40 多岁和 50 岁出头的人应该有钱，但现在该年龄段的很多人都没有任何积蓄。他们可能名下有房，但房产不同于银行账户，以后可能有用也可能没用——这一观点或许与众不同，我只想说我不打算以房养老。

应对金融媒体

我们投身基金业多年的人都明白个人理财资讯对整个行业的重要性。我的第一任老板基恩 • 西格（Kean Seagar）和后来的老板彼得 • 哈格里夫斯（Peter Hargreaves）很快发现报纸的传播对业务帮助很大。他们重视个人理财记者，并对任何热议话题提供报道。

他们还在金融版面上投放广告，提供基金信息及建议，并且制作免费宣传册，介绍诸如资本税收转移等内容，报纸也很乐意将其推荐给读者。彼得在他的自传中说，他有次在门口看到一大堆读者来信，都是对他在报纸上登出的第一个单位信托广告做出的回应，那一刻他第一次意识到自己会成为百万富翁，会成为新兴业务的大赢家。

从那时起，金融媒体和基金行业的共生关系在规模和范围上持续增长。你每周都能在全国各大报纸金融版面和诸如《金融观察家》、《投资者纪事》和《理财周刊》等主要周刊杂志上看到大量的基金广告。年度税收收官之际，投放速度尤为迅猛，届时媒体们忙着给读者们出主意，确保他们充分利用每年 ISA 津贴和养老金的税收优惠。自我开始工作以来，广告的数量急剧增加。

每周你还能看到许多引用主流经纪公司、咨询公司关于基金、养老金、抵押贷款等方面的文章，在被引用的公司中 Hargreaves Lansdown 无疑最为突出。我也添列其中，定期评论一些话题，比如我们看好的基金、看好的公司以及市场的最新动态。幸运的是我很享受这份工作，也结交了一些个人理财记者的朋友。

尽管如此，和他们的首要问题一样，我对金融媒体运作也有些困惑。事实上我认为将报纸上商业和城市版面与个人理财版面区分开来很重要，这两者通常是不同的话题。个人理财版面应该是主流报纸的补充或不同板块，反映它们独立的内容和读者群体。

现实中城市和商业版面的编辑通常对理财版面负有最终责任。我常认为这一方式应当改变，因为个人理财版面所写的内容往往比商业和城市版面与读者更息息相关。比如谈论沃达丰的利润固然很好，但对大多数人而言终究影响不大。如今个人理财版面涵盖的主题比以往更为丰富，不仅和投资有关，还囊括了你的能源账单、汽车保险、银行账户等话题。

伊恩·考维（Ian Cowie）现任《星期日泰晤士报》的专栏作家，他曾在电讯报任职，是最资深的个人理财记者之一。他讲过一个很好的案例，在公平人寿（Equitable Life）的问题最早曝出时，他试图让负责城市版面的同事们关注此事，但没有成功，同事们起初并不感兴趣。直到他提到公平人寿负责一些报社员工的养老金投资时，他们才突然正襟危坐，认真关注起来。第二天，这件事就登上了头版头条。

我感觉在过去几年里，尤其是金融危机以来，个人理财的新闻发展得越来越好，其涵盖的内容比我先前提到的还要多。其中部分是因为银行的失败。如今媒体在培养人们理念方面起着重要作用，但不幸的是它们的倡导并非全部正确。要让 DIY 投资者像我一样每周阅读金融版面的大量信息显然有难度，但如果你想认真对待投资，我认为你必须大量阅读才能跟上时代发展。[①]我建议你从周三的《每日邮报》、周六的《金融时报》、《泰晤士报》或《电讯报》开始。另外，《独立报》的周六版是必读的。星期日的《泰晤士报》也是如此。你或许还要打算定期阅读一份杂志。半年后你就能很好理解所发生的事态了。

我担心如今报刊的商业模式很不成功，它们受到互联网的蚕食，只能艰难应对。今天的新闻是便捷的商品，不需要通过报纸就能获得，事实上在你看到新闻的时候，该信息已经过时了。我认为报纸应该擅长分析，因此可以在这方面投入更多时间，但目前做得还不够。其中的问题是有大量的在线信息要提供，记者们写了太多太多，没有时间去做你希望看到的分析。

他们所写内容多是一般的经济学，没有充足的金融细节，在城市版面上尤为如此。他们觉得宏观经济形势很重要，但我怀疑这会失去很多读者。太多经济及财经评论人员的工作让人倍感失望，尽管有时候他们观点正确，但更多时候没有被后来的事件证明是正当的。其中一个最大原因是他们必须分析的大多经济数据

① 我在周六的版面上定期写专栏。

可靠性不佳，并且还会定期修正。与你所见一样，这是个“无效投入，无效产出”的过程。更重要的是，评论人员通常善于发现问题，却不擅长为投资者提供实际的解决方案。

这在运行周期与经济完全不同的股票市场上尤为如此。过去的 6 年里，人们对国际现状、负债累累的形势、愚蠢的量化宽松及其他货币政策进行了连篇累牍的批评。但与此同时，股市却蓬勃发展。在其 2009 年创出低点后的 6 年里，中小盘股涨幅超过 200%。股票一直是投资的理想之选，但很少有评论人员坚持这一观点。

事后看来大多数评论人员应该说：“快进股市吧，有央行作保！”可是我不记得有多少人这么说过。相反，四五年前大多数人都在谈论我们现在可能看到恶性通胀风险，然而根本没有发生，并且事实恰恰相反，现在大家都在担心通缩风险。这再次表明依据宏观经济形势理解市场远比你想象的要困难许多。

量化宽松可能最终会造成问题，但依我看来不会有通胀问题，主要因为欧洲的银行仍在挣扎之中，英国也是如此。这也是真正阻碍经济发展的原因。政府希望发放贷款，但是一方面大众资金需求不高，另一方面因为严格的资本充足率等问题，银行无法贷出款项，因此实际上它们只好进行短期同业拆借。日本因为银行坏账太多，花了 20 年的时间来解决问题。我们也必须尽快着手整顿，欧洲不同于美国，压根没有整顿，所以我认为美国的经济会更好。全球金融危机后遗症的解决需要时间。我们现在可能处于当前周期的长中期阶段，而媒体和政治家一样，都欠缺耐心。

个人理财的压力

当然网络和媒体上都有一些很有价值的信息，尤其是很多关于基金的专栏。但我不能确定金融媒体有多少能帮到投资者。我曾投诉过某份全国性报纸上的一位专栏作者，他每个月都会介绍他的投资组合。我分析了他的言论，发现业绩非常糟糕。然而当我告诉该章节的编辑他的专栏作者在胡说八道、其业绩令人失望时，收到的答复却是这并不重要，因为该作者很有名气，他的专栏很受欢迎。人们很容易忘记报纸也在做销售的勾当。

有一个问题是年轻的个人理财记者通常收入较低，经验不足，很多人没有体验过自己所写的话题。除非你在股市低潮中亏掉四分之一的财产，否则难以体会个中滋味！而且我觉得他们现在写的东西过于负面。诚然，金融业锋芒太盛，做一些批评也是应该的。但很多时候我看到的研究都缺乏深度。

由于削减成本，记者们的数量一直在下降，而且他们还要迅速产出。我经常听到他们说："我没时间研究！"所以他们严重依赖第三方机构的研究，其中大部分内容是那些既得利益者做出的。我希望记者们彻查"研究成果"中的数据。我建议投资者阅读时，一定要非常小心，不可太过当真。

还要提一点，一些报纸正在逐步进军金融咨询业，它们不断提供补充业务和在线服务，其内容实际由报纸合作方的金融服务机构提供。这是它们除了靠读者点击在线广告外获取收入的另一方式。例如你看到类似"每日××年金服务"的字句，就可以确定该信息来自报刊选定的业务伙伴，并绕过了编辑部门。至少有家报纸聘请了一家顾问公司作为合作方，但后来该公司被金融服务管理局（Financial Services Authority）罚款，因为它基金推荐不当，并且出售付款保障保险（payment protection insurance）！

另外危险的是，读者们以为报刊是经过大量研究才找到最佳合伙人的，但你我都清楚他们的商业部门只是在找最划算的交易！我听一些自由记者说，众所周知某些组织因为和报刊有商业往来，从而免受责难。

对于股市，我不得不承认过去几年里我们在报纸上参与的都是选股和预测市场的游戏。我无意表达自己的坦荡，但几年前我就阻止了对富时指数来年的预测及相关股票的选择。我承认这些事我做了十二三年，其中预测富时指数时只是按目前点位上调 10%的幅度，有几年结论正确，其余年份完全错误，我对此也从不在意。大概 5 年前我碰巧蒙对结果，很多客户发邮件祝贺我！我突然意识到他们真的以为这是项严谨的分析，并开始相信这是有用的信息，而非一项年终娱乐。因此我们终止了该工作。

我还想说我不认为电视节目能很好地帮助理财。市场并非直观的课题，尤其现在我们已不在交易所现场交易，而电视从来都没有真正涉及个人理财，但却是个不错的传媒话题，有些节目像《唤醒财商》（*Wake Up to Money*）和《今天》（*Today*）就很好。但问题是，它们都可笑地在一天中凌晨时段播出，从而观众人数有限。当然，BBC4 频道的《钱柜》（*Money Box*）已经运营多年，但我印象中它投入的时间已不如以往了。

我不想用负面态度结束对金融媒体的看法，一些优秀的个人理财记者和自由评论人还是有的，他们工作努力、非常认真。报纸上的读者提问页面也为那些辛苦工作的人提供了大量帮助。令人好奇甚至有点震惊的是，媒体报道的威力能很快解决政府和业内官僚机构的顽疾。尽管它们只是在某种程度上突出了许多公司的失职，且非常奏效，可是它终究不能像我们希望的那样帮助人们存钱。

我在读什么

我读些什么呢？简单说读了很多，这也是我工作的一部分。我读遍了所有诸如《金融观察家》（*Money Observer*）这类主流报纸和杂志，个人最喜欢《金融周刊》（*Money Week*），虽然我觉得它有很多负面信息，但总体很有挑战性，并且对每周的金融新闻进行了精彩介绍。另外，它还有一个不错的 iPad 版本。

如果你是投资新手，理应尽可能多阅读，但我会避开大部分宏观经济的内容，这类内容太多会令人生畏而且作用不大（非常重要的原因是头条新闻里捕捉的数字在今后会经常修改，造成原始数据冗余）。媒体的问题是让人觉得在卖报纸。那些标题看起来不错的新闻往往不会被阅读！

我建议你关注那些由基金经理本人写的文章，它们能帮助你打开基金世界的画卷。一些基金经理还会定期提供发表观点的视频，在几年前这可是没有的。观看基金经理的访谈是帮助你了解其投资哲学和投资目标的好方法。

现如今互联网是你获取一切信息的重要渠道，对于可能不明白的术语在网上只要几秒钟就能找到定义。还有其他很多有用的网站，我重点强调 boringmoney.co.uk、trustnet.co.uk、citywire.co.uk、cashquestions.com 和 fairerfinance.com 这几个。你在恰当时机会找到最青睐的那个。无论你怎样看待社交媒体，我个人认为 Twitter 正成为一个有用的信息渠道，在那里能找到很多市场评论员及作者。我比较喜欢的有@woodfordfunds、@merrynsw、@georgemagnus1、@nfergus（这是历史学家 Niall Ferguson）、@jdsview 和@paullewismoney。

第 10 章

最后的思考

我对 DIY 投资有以下 9 条重要建议：

- 如若心存疑虑，可以适量进行些储蓄和投资——你也会多年里获得回报。
- 如果投资让你夜不能寐，那你或许没有针对你的个人需求及个体特质找到正确的投资方法。
- 作为投资者，耐心可能是最重要也最难保持的铁律，特别是在媒体评论人员极度悲观或极度乐观的时候。此时保持头脑冷静最为重要。
- 不要害怕自主决策。我学到一点，聪明人很多，但聪明并不代表有常识。2008 年金融危机以来，最聪明的那群人似乎在很多事情上都错得离谱。
- 你要找到适合自己的投资方法和投资风格。我可以告诉你我犯过的错误，希望你能从中吸取教训，但你必须找到适合你、符合你情况的投资方式。
- 如果存在某个投资法则，那该法则一定有例外。
- 尽量不要陷入自己的过往经历中。20 世纪五六十年代，低通胀让很多人觉得国债是一项可靠安全的投资。但 20 世纪 70 年代的高通胀将一切推翻。然而 20 世纪 70 年代末，所有人都开始看轻国债的时候，30 年的债券牛市却随之而来！现如今通缩是焦点。“80 后”只记住了低通胀和低利率，且利率很少变化，从不会上升。不要以为这种情况会永远持续下去，不可能。如果你能发掘它的拐点，就能赚到很多钱。
- 始终保持开放的心态，对所看到的统计数据和任何研究都要做好质疑的准备。多年来我发现它们当中有很多都很糟糕，且有瑕疵。
- 你买基金时，要保证清楚其背后的基金经理的投资哲学与投资风格。这在判断行情好坏的时候能帮你做出正确的反应。如果你知道为什么能在正确的时点进行交易，那就达到了投资的最终目的。

致谢

哈里曼出版商（Harriman House）的斯蒂芬·埃克特（Stephen Eckett）先生第一次给我发邮件邀我考虑写一本与金融有关的书时，我承认自己以为是在开玩笑，因为我很多同事都擅长写书。但在与斯蒂芬交谈时，我很快意识到他是很认真的。他觉得很少有文章能把 DIY 投资阐述得很好，如果有人能填补这个空白，他认为那就是我了。好吧，前半句话我同意，但后半句尚有差距……

我向 Hargreaves Lansdown 首席执行官伊恩·戈登（Ian Gorham）提起斯蒂芬的想法，他积极响应，这件事就由此敲定了。每当我想放弃这项工作时，他为了这本书给予我很多有效的帮助。我承认我的进度很慢，此前我只习惯写几百字的小段文章，每周六给《独立报》写的专栏很少超过 600 字。但写书则完全不同，它需要仔细思考框架和内容。所以我感谢乔纳森·戴维斯（Jonathan Davis）的帮助，他阅读了我的文字并进行了修改。他和斯蒂芬·埃克特都很有耐心。

我也要回顾一下过去，在老家门口如果基恩·西格（Kean Seager）没有给我第一份工作，也就不会有这本书。对第一个机会我永存感激——在职业的阶梯上每个年轻人都需要它帮到自己。在我早期的职业生涯中，基恩·西格的鼓励和建议都是无价之宝。

特别感谢彼得·哈格里夫斯（Peter Hargreaves）和斯蒂芬·兰斯多恩（Stephen Lansdown），在 Hargreaves Lansdown 他们帮助我很多。1988 年彼得突然间第一次给我打电话，说想一起聊一聊，并希望由我帮他挑选基金且从事公关业务。接受HL 的工作无疑是我最成功的决定（向我的妻子表示歉意），他给了我最有意义的职业生涯。正如彼得常说的，人生中有三分之一在睡觉，三分之一呆在家里，三分之一在工作。如果你能把后两者做好，你就圆满了。

尽管斯蒂芬已经离开了这个行业，但现在我还是会找他交流。彼得作为公司的主要股东，仍参与公司业务，但已辞去了董事职位。Hargreaves Lansdown 氛围开放，董事们和彼得都没有独立的办公室，我一直坐在离他们几米开外的地方办公。我们从不知道彼此的分机号码，只是隔着一排桌子大喊大叫，常常令同事们感到厌烦。

很幸运，我能与 14 名研究和公关人员组成的团队一起工作，他们的才华和勤奋令我心悦诚服。这其中人很多，简言之他们都比我聪明。我要特别提一下李 • 加豪斯（Lee Gardhouse），他管理 Hargreaves Lansdown 多基金经理基金。在加入Hargreaves Lansdown 之前，在我看来他是个自以为是的年轻人，很高兴能看着他从此成长历练起来。现在无论个人还是在职场上的投资决策，他都已成为我的重要助手。每一个 DIY 投资者都需要他这样的人。

最后我要感谢我的妻子安妮特（Annette），是她的支持让我一直坚持下去的，在困难时期尤为如此。在我沮丧或者股市暴跌时，所有的投资者都应该记住她的话：“不要担心。你知道它迟早会涨回来的。只要保持耐心就行。”多么智慧的言语啊。

附录

有用的网站

基金行业的术语和专业名词很容易令人困惑不解。基金业协会有一个很有用的基金术语表，可以在这里找到：www.theinvestmentassociation.org/all-about-investment/glossary.html。

Hargreaves Lansdown（hl.co.uk）网站对基金收益率的解释也会帮到你：tinyurl.com/Hlfundyields。

下列网站也包括很多基金术语和行业发展信息：

基金价格、评级和新闻

- trustnet.co.uk
- morningstar.co.uk
- citywire.co.uk
- iii.co.uk
- hl.co.uk

行业网站

- theinvestmentassociation.org（open-ended funds）
- theaic.co.uk（investment trusts and VCTs）

新闻

- bloomberg.co.uk
- ft.com

有用的出版物

- *Money Observer*《金融观察家》
- *MoneyWeek*《理财周刊》
- *The Times and Sunday Times*《泰晤士报》和《星期日泰晤士报》
- *Financial Times*《金融时报》

基金分析实例

下面几个例子为投资者分析基金提供了有用的信息并附上我的评论。以Artemis收益型基金为例，该基金曾在文中提及，受到许多专业投资者和投资顾问们的高度评价。

公司报告

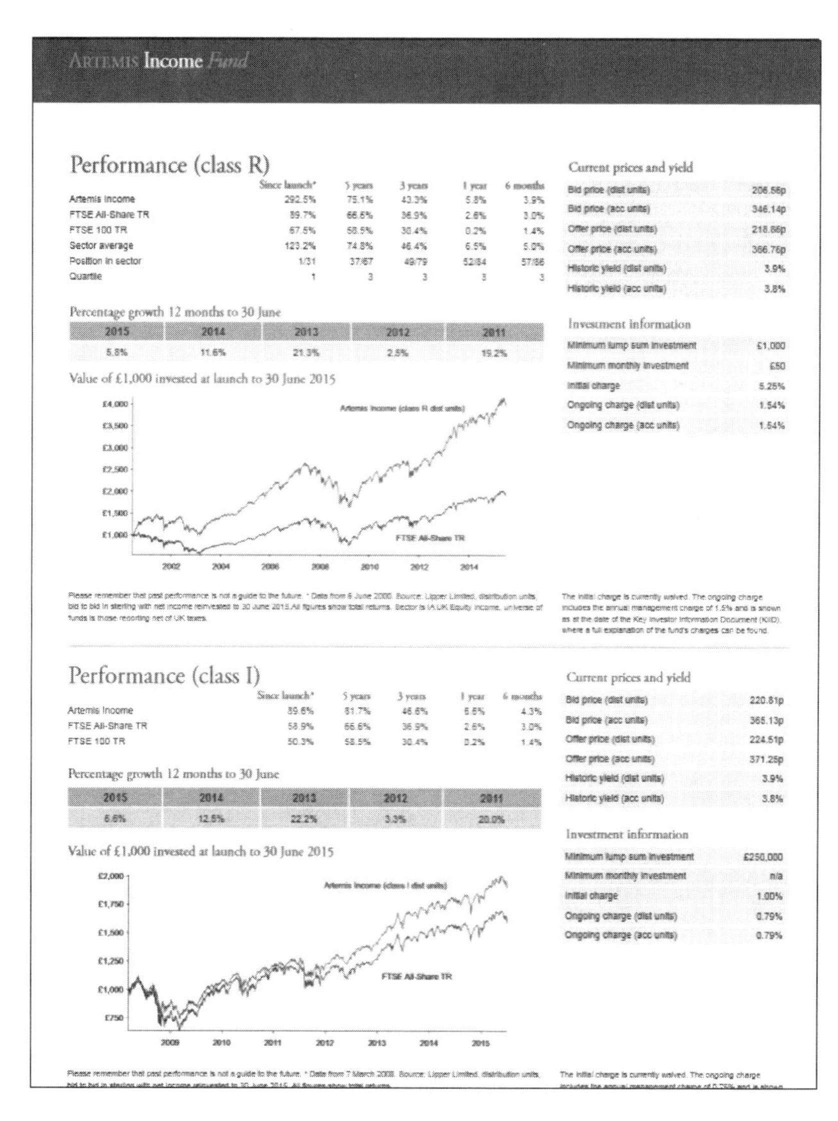

ARTEMIS Income *Fund*

Performance (class R)

	Since launch*	5 years	3 years	1 year	6 months
Artemis Income	292.5%	75.1%	43.3%	5.8%	3.9%
FTSE All-Share TR	89.7%	66.6%	36.9%	2.6%	3.0%
FTSE 100 TR	67.5%	58.5%	30.4%	0.2%	1.4%
Sector average	123.2%	74.8%	46.4%	6.5%	5.0%
Position in sector	1/31	37/67	49/79	52/84	57/86
Quartile	1	3	3	3	3

Percentage growth 12 months to 30 June

2015	2014	2013	2012	2011
5.8%	11.6%	21.3%	2.5%	19.2%

Value of £1,000 invested at launch to 30 June 2015

Please remember that past performance is not a guide to the future. * Data from 6 June 2000. Source: Lipper Limited, distribution units, bid to bid in sterling with net income reinvested to 30 June 2015. All figures show total returns. Sector is IA UK Equity Income, universe of funds is those reporting net of UK taxes.

Current prices and yield

Bid price (dist units)	206.56p
Bid price (acc units)	346.14p
Offer price (dist units)	218.86p
Offer price (acc units)	366.76p
Historic yield (dist units)	3.9%
Historic yield (acc units)	3.8%

Investment information

Minimum lump sum investment	£1,000
Minimum monthly investment	£50
Initial charge	5.25%
Ongoing charge (dist units)	1.54%
Ongoing charge (acc units)	1.54%

The initial charge is currently waived. The ongoing charge includes the annual management charge of 1.5% and is shown as at the date of the Key Investor Information Document (KIID), where a full explanation of the fund's charges can be found.

Performance (class I)

	Since launch*	5 years	3 years	1 year	6 months
Artemis Income	89.6%	81.7%	46.6%	6.6%	4.3%
FTSE All-Share TR	58.9%	66.6%	36.9%	2.6%	3.0%
FTSE 100 TR	50.3%	58.5%	30.4%	0.2%	1.4%

Percentage growth 12 months to 30 June

2015	2014	2013	2012	2011
6.6%	12.5%	22.2%	3.3%	20.0%

Value of £1,000 invested at launch to 30 June 2015

Please remember that past performance is not a guide to the future. * Data from 7 March 2008. Source: Lipper Limited, distribution units,

Current prices and yield

Bid price (dist units)	220.81p
Bid price (acc units)	365.13p
Offer price (dist units)	224.51p
Offer price (acc units)	371.25p
Historic yield (dist units)	3.9%
Historic yield (acc units)	3.8%

Investment information

Minimum lump sum investment	£250,000
Minimum monthly investment	n/a
Initial charge	1.00%
Ongoing charge (dist units)	0.79%
Ongoing charge (acc units)	0.79%

The initial charge is currently waived. The ongoing charge

我的评论

所有的基金都需要获得它们的月度报告，这是你分析的基础。注意，基金的业绩分为两类，一类（R 类份额）于 2000 年 6 月发行，该类基金普通投资者可以购买；另一类（I 类份额）是 2008 年以后发行的，为机构投资者的收益，只对专业人士和投资额 250,000 英镑以上的投资者开放。

大额投资者费用较低，因此这类份额业绩更好（5 年来收益率为 81.7%，而零售类份额收益率为 75.1%）。此外还需指出，基金累计份额净值明显高于发行份额（或称收益份额）的净值，报价分别为 346p 和 206p。此处强调了要将基金的分红进行再投资，而非转化为收益，随着时间的推移，它们将产生更高的复利收益。

虽然报告中说，该基金初始收费 5.25%及每年管理费 1.5%，但实际上如果你通过经纪人购买基金，则很少需要支付初始费用，另外基金的佣金规则于 2013 年改变，如果你持有的是基金的分算（unbundled）份额，那么基金的年度管理费也至少降低 0.75%。因此你如果通过 HL 平台购买基金，那么目前的收费数字（OCF）是 0.70%，其中包含年度管理费和其他费用。

HL 基金研究摘录

OUR VIEW ON THIS FUND

This fund features on our Wealth 150 list of what we believe are the best funds in each sector.

We rate Adrian Frost and Adrian Gosden highly. They have significant experience managing equity income funds and a long history of outperforming. Their approach has been consistent throughout and a focus on cash-generative companies with the ability to reliably increase dividends has served them well. We believe this fund could be a great core long-term holding within an equity income portfolio.

OUR VIEW ON THE SECTOR

Equity income investing has long been popular with our clients and we have been highlighting our favourite funds to investors for over 30 years. Funds in this sector tend to focus on generating an attractive income for investors along with some capital growth over the long term. The level of income will vary from fund to fund. Some managers aim to produce a consistently high level of income with less scope for growth, while others will look to grow dividends over the long term. While some investors will choose to have the income from their investments paid to their bank account, equity income funds can also be considered by those looking to grow their wealth. This can be achieved by reinvesting the income or by purchasing 'accumulation units' where any income is rolled up into the price of the units on your behalf, rather than being paid out. Over the long term both these options can make a significant difference to the value of your investment. We therefore believe carefully chosen equity income funds can form the cornerstone of virtually any portfolio and all our favourites feature on the Wealth 150.

PERFORMANCE ANALYSIS

The managers have added significant value over time in excess of the FTSE All Share, but as they tend to focus on unloved areas of the market performance can suffer over shorter periods. This was highlighted during the technology boom of the late 1990's when they lagged the market. Following the fallout from the credit crisis during 2008 and early 2009 the fund performed exceptionally. The portfolio of larger companies with high cash flow was in favour during this period.

INVESTMENT PHILOSOPHY

The value of a stock is a reflection of the future profits, cash flows or dividends a company will generate.

MANAGER TRACK RECORD BASED ON HL QUANTITATIVE RESEARCH

我的评论

这是基金研究的一个案例，在 HL 平台上可以找到。其他平台也会有类似分析，这些都超出了基金管理公司本身的服务范畴。例如该页面图表显示的基金经理业绩不只跟踪到 2000 年 Artemis 基金推出之际，而是进一步追溯到基金经理在前单位工作期间，当时他管理的类似的股票收益型基金。我们还对基金的投资过程及其逆向投资风格给出了评论。

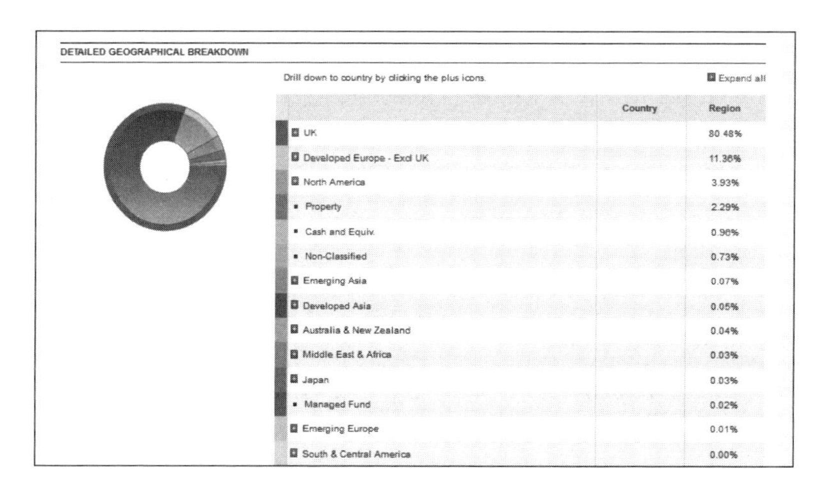

我的评论

该图表打破了基金投资在地域上的平衡——这样做对投资英国的基金意义不大，但对投资全球的基金则很有价值。需要注意，该基金很多大额投资都投向跨国公司，比如壳牌（Shell）和汇丰（HSBC），这些公司在全球开展业务，但恰巧在伦敦证券交易所上市。如果评估基金持有的公司所带来的收入，就会展示出迥异的地域模式。

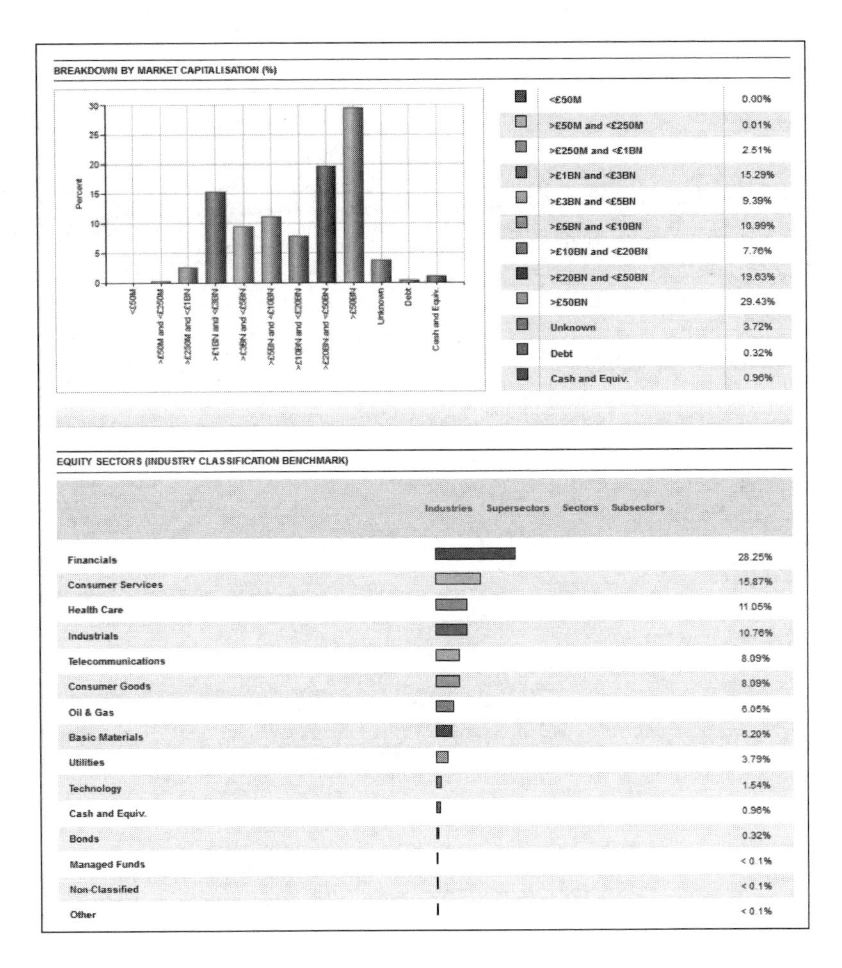

我的评论

这项分析对基金持仓按行业和股票市值进行拆分，并将基金与其他基金及主要市场指数进行比较，从而对基金的风格捕捉更有价值的细节。你看到该基金近30%投向了市值超过 500 亿英镑的公司，在金融股上也有很高权重。如果将它与主要的伦敦市场指数（富时 100 指数和富时综合指数）成分股进行比较，就能看出相较于整个市场，基金经理是否在某个行业上进行超配。Artemis 收益型基金就是业内所谓的大盘股基金。

晨星公司对该基金的评价

下面是关于基金某项分析报告的案例，可以从晨星公司这些独立分析机构获得。其中细节很多，有一些可能要花点时间才能稔熟。我想提醒你关注持股风格图（equity style map），它展示了基金如何结合两种主流风格——基金所投公司的规模（大、中、小）和基金经理一般的投资方法（成长、价值或介于两者之间）。Artemis 基金位于左上象限，说明它是一只大盘价值型基金，而且多年来一直遵循这种风格。另外，“股票分地域头寸”这一图表展示了我之前描述的地域分析的结果。

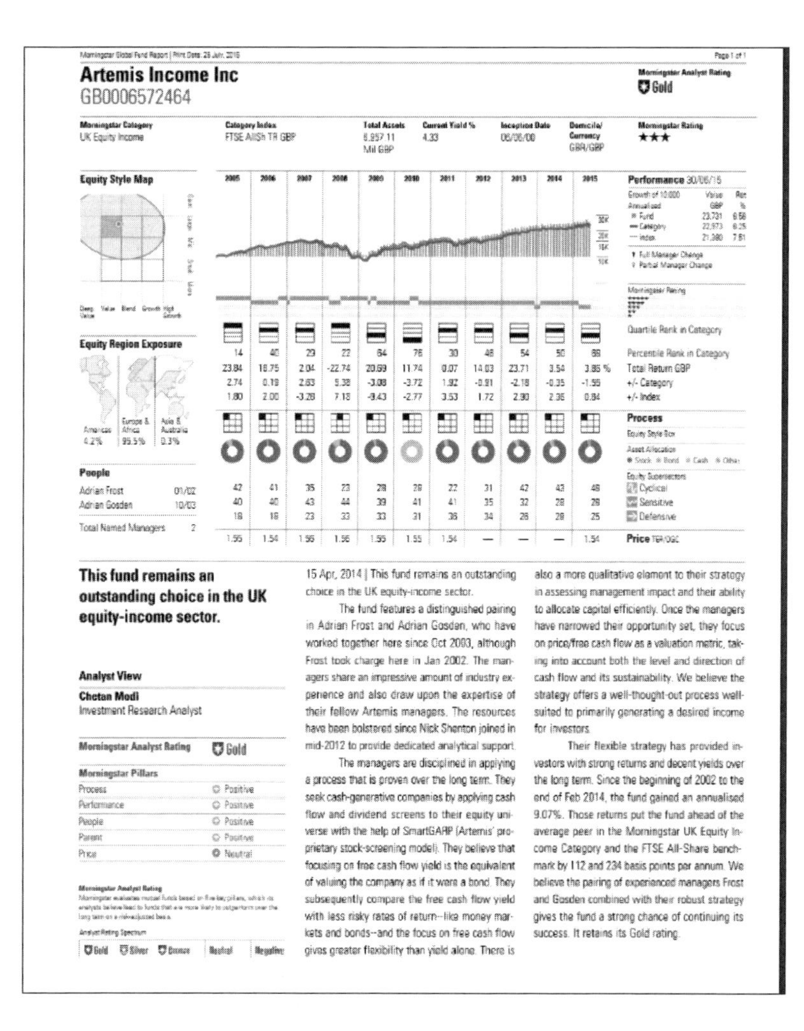

Morningstar Global Fund Report | Print Date: 28 Jun, 2015 Page 1 of 1

Artemis Income Inc
GB0006572464

Morningstar Analyst Rating: Gold

Morningstar Category	Category Index	Total Assets	Current Yield %	Inception Date	Domicile/Currency	Morningstar Rating
UK Equity Income	FTSE AllSh TR GBP	6,957.11 Mil GBP	4.33	06/06/00	GBR/GBP	★★★

Equity Style Map

Performance 30/06/15

Growth of 10,000 Annualised	Value GBP	Ret %
Fund	23,731	6.58
Category	22,973	6.25
Index	21,380	7.61

Full Manager Change
Partial Manager Change

Morningstar Rating

	2005	2006	2007	2008	2009	2010	2011	2012	2013	2014	2015
Percentile Rank in Category	14	40	29	22	64	76	30	48	54	50	68
Total Return GBP	23.84	18.75	2.04	-22.74	20.69	11.74	0.07	14.03	23.71	3.54	3.86 %
+/- Category	2.74	0.19	2.63	5.38	-3.08	-3.72	1.92	-0.91	-2.18	-0.35	-1.56
+/- Index	1.80	2.00	-3.28	7.18	-8.43	-2.77	3.53	1.72	2.90	2.36	0.84
Equity Supersectors: Cyclical	42	41	35	23	28	29	22	31	42	43	48
Sensitive	40	40	43	44	39	41	41	35	32	28	29
Defensive	18	18	23	33	33	31	36	34	26	28	25
Price TER/OGC	1.55	1.54	1.56	1.56	1.55	1.55	1.54	—	—	—	1.54

Quartile Rank in Category

Process
Equity Style Box
Asset Allocation
Stock Bond Cash Other

Equity Region Exposure

Americas	Europe & Africa	Asia & Australia
4.2%	95.5%	0.3%

People

Adrian Frost	01/02
Adrian Gosden	10/03
Total Named Managers	2

This fund remains an outstanding choice in the UK equity-income sector.

Analyst View

Chetan Modi
Investment Research Analyst

Morningstar Analyst Rating Gold

Morningstar Pillars

Process	Positive
Performance	Positive
People	Positive
Parent	Positive
Price	Neutral

Morningstar Analyst Rating
Morningstar evaluates mutual funds based on five key pillars, which its analysts believe lead to funds that are more likely to outperform over the long term on a risk-adjusted basis.

Analyst Rating Spectrum
Gold Silver Bronze Neutral Negative

15 Apr, 2014 | This fund remains an outstanding choice in the UK equity-income sector.

The fund features a distinguished pairing in Adrian Frost and Adrian Gosden, who have worked together here since Oct 2003, although Frost took charge here in Jan 2002. The managers share an impressive amount of industry experience and also draw upon the expertise of their fellow Artemis managers. The resources have been bolstered since Nick Shenton joined in mid-2012 to provide dedicated analytical support.

The managers are disciplined in applying a process that is proven over the long term. They seek cash-generative companies by applying cash flow and dividend screens to their equity universe with the help of SmartGARP (Artemis' proprietary stock-screening model). They believe that focusing on free cash flow yield is the equivalent of valuing the company as if it were a bond. They subsequently compare the free cash flow yield with less risky rates of return--like money markets and bonds--and the focus on free cash flow gives greater flexibility than yield alone. There is also a more qualitative element to their strategy in assessing management impact and their ability to allocate capital efficiently. Once the managers have narrowed their opportunity set, they focus on price/free cash flow as a valuation metric, taking into account both the level and direction of cash flow and its sustainability. We believe the strategy offers a well-thought-out process well-suited to primarily generating a desired income for investors.

Their flexible strategy has provided investors with strong returns and decent yields over the long term. Since the beginning of 2002 to the end of Feb 2014, the fund gained an annualised 9.07%. Those returns put the fund ahead of the average peer in the Morningstar UK Equity Income Category and the FTSE All-Share benchmark by 112 and 234 basis points per annum. We believe the pairing of experienced managers Frost and Gosden combined with their robust strategy gives the fund a strong chance of continuing its success. It retains its Gold rating.

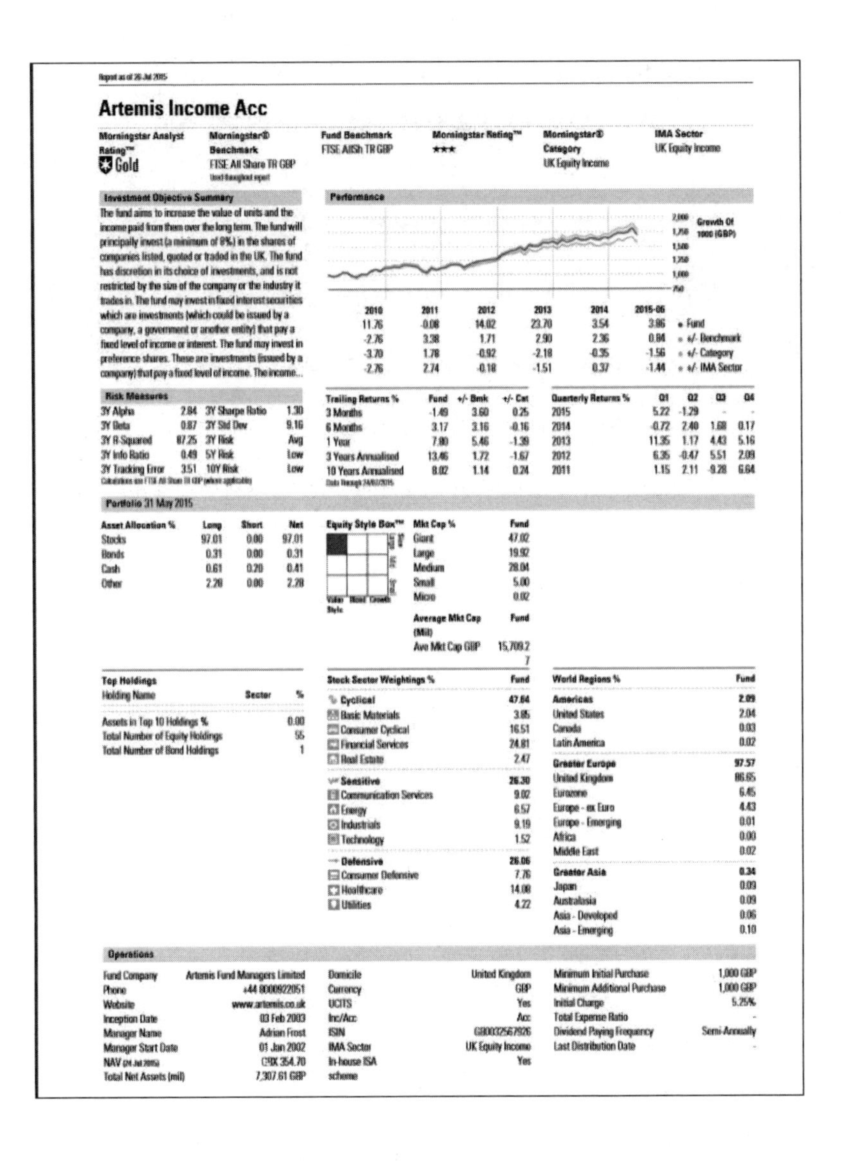

Report as of 26 Jul 2015

Artemis Income Acc

Morningstar Analyst Rating™	Morningstar® Benchmark	Fund Benchmark	Morningstar Rating™	Morningstar® Category	IMA Sector
Gold	FTSE All Share TR GBP (Used throughout report)	FTSE AllSh TR GBP	★★★	UK Equity Income	UK Equity Income

Investment Objective Summary

The fund aims to increase the value of units and the income paid from them over the long term. The fund will principally invest (a minimum of 8%) in the shares of companies listed, quoted or traded in the UK. The fund has discretion in its choice of investments, and is not restricted by the size of the company or the industry it trades in. The fund may invest in fixed interest securities which are investments (which could be issued by a company, a government or another entity) that pay a fixed level of income or interest. The fund may invest in preference shares. These are investments (issued by a company) that pay a fixed level of income. The income...

Performance

	2010	2011	2012	2013	2014	2015-06
Fund	11.76	-0.08	14.02	23.70	3.54	3.86
+/- Benchmark	-2.76	3.38	1.71	2.90	2.36	0.84
+/- Category	-3.70	1.78	-0.92	-2.18	-0.35	-1.56
+/- IMA Sector	-2.76	2.74	-0.18	-1.51	0.37	-1.44

Risk Measures

3Y Alpha	2.84	3Y Sharpe Ratio	1.30
3Y Beta	0.87	3Y Std Dev	9.16
3Y R-Squared	87.25	3Y Risk	Avg
3Y Info Ratio	0.49	5Y Risk	Low
3Y Tracking Error	3.51	10Y Risk	Low

Calculations use FTSE All Share TR GBP (where applicable)

Trailing Returns %	Fund	+/- Bmk	+/- Cat
3 Months	-1.49	3.60	0.25
6 Months	3.17	3.16	-0.16
1 Year	7.80	5.46	-1.39
3 Years Annualised	13.46	1.72	-1.67
10 Years Annualised	8.02	1.14	0.24

Data through 24/07/2015

Quarterly Returns %	Q1	Q2	Q3	Q4
2015	5.22	-1.29	-	-
2014	-0.72	2.40	1.68	0.17
2013	11.35	1.17	4.43	5.16
2012	6.35	-0.47	5.51	2.09
2011	1.15	2.11	-9.28	6.64

Portfolio 31 May 2015

Asset Allocation %	Long	Short	Net
Stocks	97.01	0.00	97.01
Bonds	0.31	0.00	0.31
Cash	0.61	0.20	0.41
Other	2.28	0.00	2.28

Equity Style Box™

Mkt Cap %	Fund
Giant	47.02
Large	19.92
Medium	28.04
Small	5.00
Micro	0.02

Average Mkt Cap (Mil)	Fund
Ave Mkt Cap GBP	15,709.27

Top Holdings

Holding Name	Sector	%
Assets in Top 10 Holdings %		0.00
Total Number of Equity Holdings		55
Total Number of Bond Holdings		1

Stock Sector Weightings %	Fund
Cyclical	**47.64**
Basic Materials	3.85
Consumer Cyclical	16.51
Financial Services	24.81
Real Estate	2.47
Sensitive	**26.30**
Communication Services	9.02
Energy	6.57
Industrials	9.19
Technology	1.52
Defensive	**26.06**
Consumer Defensive	7.76
Healthcare	14.08
Utilities	4.22

World Regions %	Fund
Americas	**2.09**
United States	2.04
Canada	0.03
Latin America	0.02
Greater Europe	**97.57**
United Kingdom	86.65
Eurozone	6.45
Europe - ex Euro	4.43
Europe - Emerging	0.01
Africa	0.00
Middle East	0.02
Greater Asia	**0.34**
Japan	0.09
Australasia	0.09
Asia - Developed	0.06
Asia - Emerging	0.10

Operations

Fund Company	Artemis Fund Managers Limited	Domicile	United Kingdom	Minimum Initial Purchase	1,000 GBP
Phone	+44 8000922051	Currency	GBP	Minimum Additional Purchase	1,000 GBP
Website	www.artemis.co.uk	UCITS	Yes	Initial Charge	5.25%
Inception Date	03 Feb 2003	Inc/Acc	Acc	Total Expense Ratio	-
Manager Name	Adrian Frost	ISIN	GB0032567926	Dividend Paying Frequency	Semi-Annually
Manager Start Date	01 Jan 2002	IMA Sector	UK Equity Income	Last Distribution Date	-
NAV (24 Jul 2015)	GBX 354.70	In-house ISA scheme	Yes		
Total Net Assets (mil)	7,307.61 GBP				

Artemis Income Acc | ★★★ | Gold

Morningstar Rating™ (Relative to Category)			30/06/2015
	Morningstar Return	Morningstar Risk	Morningstar Rating™
3-Year	Below Average	Average	★★
5-Year	Below Average	Below Average	★★★
10-Year	Average	Below Average	★★★
Overall	Average	Below Average	★★★

Category : UK Equity Income　　Click here to see our Methodology

Volatility Measurements			30/06/2015
3-Yr Std Dev	9.16 %	3-Yr Sharpe Ratio	1.30
3-Yr Mean Return	13.19 %		

Modern Portfolio Statistics	30/06/2015 Standard Index	30/06/2015 Best Fit Index
	FTSE AllSh TR GBP	FTSE AllSh TR GBP
3-Yr R-Squared	87.25	87.25
3-Yr Beta	0.87	0.87
3-Yr Alpha	2.84	2.84

我的评论

这一页绝对适合那些数据怪胎！请注意该基金风险（即基金业绩的波动率）一直低于平均水平，但近来达到最高。由于长期收益率平稳适中，故夏普比率（衡量风险调整收益）为正，达 1.30（业内看来相当高）。R 平方意在衡量该基金持仓表现与整体英国市场的相关性——一般来说，该数字越接近 100，则基金越接近基准。

分析表明 Artemis 收益型基金是一只投资英国市场上大型公司的主流基金，且业绩稳健，相较于购买英国指数的被动基金，它能增强收益——但主要原因是它波动较小而非有超额收益。我在 HL 的分析与此略有不同——这表明即便再详细的统计分析也不能总让你得到明确的结论。

多管理人基金的基金经理如何看待 Artemis 收益型基金

我提到通过查看最佳多管理人基金的投资组合特征可能有助于你再次确认对某只基金的分析。以下摘取的是英国最受欢迎的多管理人基金之一的 Jupiter Merlin 收益型基金，你可以发现 Artemis 收益型基金是其第四[1]重仓的纯股票收益

① 译者注：原书误为第三大。

型基金，仅次于伍德福德（Woodford）股票收益型基金、Royal London 股票收益型基金和 M&G Global Dividend 基金。

Top 10 Holdings			31/03/2015
			Portfolio
Total Number of Equity Holdings			0
Total Number of Bond Holdings			0
Assets in Top 10 Holdings			83.46
Name	Sector	Country	% of Assets
CF Woodford Equity Income Z GBP Inc		United Kingdom	12.80
GLG Strategic Bond D Inc		United Kingdom	10.48
M&G Global Dividend A Inc		United Kingdom	10.04
Royal London UK Equity Income Z GBP Inc		United Kingdom	9.29
IP UK Strategic Income Inc		United Kingdom	9.21
M&G Strategic Corporate Bond A Inc		United Kingdom	7.95
Jupiter UK Special Situations		United Kingdom	7.29
M&G Global Macro Bond A Inc		United Kingdom	5.67
Artemis Income Inc		United Kingdom	5.63
Jupiter Strategic Bond Inc		United Kingdom	5.11

你可以再次确认 HL 的多管理人收益成长型投资组合的持仓，其中 Artemis 收益型基金位于伍德福德（Woodford）股票收益型基金之后，为组合第二大持仓。鉴于我对该基金的评论，你可能不会对此感到惊讶。

TOP 10 HOLDINGS | TOP 10 SECTORS | TOP 10 COUNTRIES

Security	Weight
Woodford CF Woodford Equity Income Class Z	18.58%
Artemis Income Class R	16.30%
Columbia Threadneedle Investments UK Equity Alpha Income	14.65%
J O Hambro CM UK Equity Income Class B	13.12%
Marlborough Multi Cap Income Class P	11.25%
Majedie UK Income Class X	7.97%
Jupiter Income Trust Class I	6.77%
Liontrust Macro Equity Income Class R	5.09%
First State Global Asian Equity Plus Class I	2.06%
Newton Global Income Shares	2.00%

关于作者

马克·丹皮尔（Mark Dampier)。自 1998 年以来一直在英国最大的独立证券经纪公司 Hargreaves Lansdown 担任研究主管。他在金融服务业供职 35 年，最初作为投资顾问帮助个人客户投资。他拥有法律学士学位。马克现已成为基金管理行业最知名、被引用最多的人物之一。他每周在《独立报》撰写基金和市场专栏，并定期在全国新闻和广播媒体上发表评论。在不同季节的业余时间里，他还喜欢去射击、滑雪、驾驶帆船和钓鱼。